Alicia Mederos

EL FLAMENCO

ACENTO
EDITORIAL

Primera edición: mayo 1996
Segunda edición: noviembre 1996
Tercera edición: septiembre 1998

Diseño de cubierta: *Alfonso Ruano/César Escolar*

© Alicia Mederos, 1996
© Acento Editorial, 1996
   Joaquín Turina, 39 - 28044 Madrid

Comercializa: CESMA, SA - Aguacate, 43 - 28044 Madrid

ISBN: 84-483-0124-2
Depósito legal: M-24900-1998
Fotocomposición: Grafilia, SL
Impreso en España/Printed in Spain
Huertas Industrias Gráficas, SA
Camino Viejo de Getafe, 55 - Fuenlabrada (Madrid)

ÍNDICE

I. LA CUNA ANDALUZA

cradle/cot

Adentrarse en el mundo del flamenco exige un punto de partida al que no cabe renunciar: que el flamenco es un arte. Arte cuya cuna es Andalucía y cuyo origen es la fusión de varias culturas que durante siglos convivieron en perfecta armonía: árabe, judía, cristiana y gitana. Esto que hoy puede parecer una obviedad encierra en sí un universo tan amplio y diverso como polémico, en tanto que exige un recuento histórico del cual no es posible sustraer las dimensiones política, social y económica que alimentaron a sus gentes y, por ende, al nacimiento mismo del flamenco, cuya expresión primigenia encontramos en la copla.

Algunos autores desandan el camino recorrido por el flamenco partiendo de lo que denominan *camino de las culturas*, que empezó a anudarse en la India y, de manera paulatina, fue extendiéndose a Arabia, a Grecia, a Roma y a España, para finalmente saltar el Atlántico y posarse de nuevo en tierra firme con semillas de todas estas culturas que se habían dado cita en el sur de la península Ibérica. Los hay, también, que señalan a Cádiz como la verdadera cuna de la copla; es el caso del poeta andaluz Domingo Manfredi, quien advierte en los textos legados por Juvenal la confirmación de que ya en la Roma clásica las *puellae gaditanae*, o muchachas gaditanas, bailaban en la entonces capital del Imperio

romano unas danzas enervantes, vibrátiles, repiqueteando castañuelas de bronce para deleite de los intelectuales contemporáneos de Tito y Trajano. «No hay necesidad de recurrir a ningún argumento científico», nos dice Manfredi, «para comprender que aquellas bailadoras, aquellas cantadoras, llevadas a Roma desde Cádiz, nacidas en las tierras de lo que hoy llamamos Los Puertos o el Marco de Jerez, cantaban y bailaban cantes y bailes andaluces, que no serían muy distintos de como hoy se cantan y se bailan en la misma comarca».

Otros autores muestran mayores reticencias a la hora de finiquitar el asunto de los precisos orígenes del flamenco, pero todos señalan a Andalucía como la cuna y a la copla como primogénita expresión de este arte.

Podemos concluir, por tanto, que el flamenco nace en Andalucía, en el seno de una colectividad lumpen, marginal, intercultural y perseguida, donde convivieron judíos, árabes, cristianos y gitanos, y que a éstos habría que sumar la influencia de la población negra procedente de África, que mezcló sus ritmos con los del sur andaluz en las escalas previas a emprender viaje hacia América.

Este magma étnico actuó como sustrato popular de un arte que para muchos comienza a serlo hace aproximadamente un siglo y medio, tomando como punto de partida la aparición de las primeras figuras de renombre que con su individualidad han ido tejiendo la historia, cantada más que contada, del arte flamenco. Desde esta óptica, el flamenco es un arte de individualidades que partieron de la marginalidad para erigirse en una nueva clase social con estatus propio a medio camino entre el lumpen y el señorito. Pero detengámonos nuevamente en ese sustrato popular, mestizo y marginal, para desentrañar el contenido de una música, un baile y un cante que lo mismo tiene de prosa que de verso.

¿Por qué la copla andaluza tiene ese fondo de pena? ¿Por qué ese drama permanente que hace patente la tragedia?... La copla andaluza es una confluencia de nostalgias y líricas protestas de etnias vejadas y oprimidas. Los gitanos, sus máximos propagadores, llevan siglos cargando a cuestas, junto con sus escasos enseres, la tradición oral y cantada de sus gentes; los árabes fueron expulsados de España en el contubernio de 1492 y los judíos, de quienes se calcula que en el siglo V residían en España alrededor de cien mil, se vieron obligados a convertirse al cristianismo para escapar de las persecuciones de que eran objeto. Una situación semejante no podía dejar aflorar libremente la expresión musical surgida de la fusión de estas culturas; antes bien, la copla se confía al susurro, al lamento y al tarareo, para mayor disimulo. No hay duda de que entre árabes, judíos y gitanos, pueblos que en alguna parte de la historia perdieron su imperio, amasaron el pan amargo del flamenco, y es por eso que en la copla andaluza hay un fondo de pena que alude al desencanto de los pueblos desposeídos. Para decirlo con las palabras de Rafael Cansinos: «(...) La copla es un canto de parias que alguna vez fueron prínci-

pes y se siguen sintiendo como tales».

Hay que distinguir, por tanto, entre flamenco y pseudofolclorismo, es decir, entre la raíz manifiesta de un cante cuyo soporte es la copla (cante, música y baile que ahonda en lo más recóndito pero palpable del pueblo andaluz) y las máscaras de sonrisas y los falsos perfiles de espejos a base de castañuelas, peinetas y trajes de lunares que el andaluz se colocó, o le colocaron, para ocultar su rabia, impotencia, grito de rebeldía y lágrimas. Habría que preguntarse, por ejemplo, qué proporción de árabes y judíos camuflados hay en la actualidad entre el pueblo gitano, único pueblo que pudo vender esas músicas que en boca de los otros hubieran supuesto pecado y delito.

No es casual que Andalucía haya sido siempre algo así como la estampa clásica de España para los no andaluces. Un sombrero de ala ancha, una chaquetilla corta y una peineta con un manojo de claveles, han edificado la leyenda de una España andaluza, o vicecersa, pero pocos son los que identifican el cante jondo, la copla, con un territorio del sur de España poblado de lenguas, costumbres y culturas que nada tienen que ver con esa indolente, pero eficaz, servidumbre de lo flamenco con lo folclórico andaluz.

Hay etnólogos que trazan incluso una línea imaginaria y divisoria entre la Andalucía del lado de allá de Málaga y la Andalucía de la cuenca del Guadalquivir, que aun manteniendo características comunes, físicas, intelectuales, morales y artísticas, en lo que hace al cante han discurrido por cauces diferentes. «La Andalucía del Guadalquivir», nos dice Manfredi Cano, «ha permanecido siglos incontaminada, indiferente a todos los pueblos que por allí llegaron, que no se fundió con ellos es allí donde está la cuna del cante jondo». Una curiosa apreciación que, sin dejar de añadir un elemento de interés, parece reclamar para el cante jondo una pureza que excluye cualquier atisbo de mestizaje e interculturalidad, pero que he querido recoger en estas páginas para no dejar de lado la hipótesis de una génesis flamenca de raíz únicamente andaluza.

Pero no explica Manfredi quiénes eran esos andaluces puros de la cuenca del Guadalquivir ni cuál su procedencia, en tanto que sí señala que en el proceder de estas gentes de la cuenca andaluza dominaba el dejarse resbalar sobre todos los contactos mantenidos con otros pueblos: «Andalucía deja resbalar sobre ella todas las sugerencias, recibe a los navegantes, desde siglos, con un saludo cariñoso, hace algún negocio con ellos y los despide; a los que llegan por Despeñaperros, los recibe con la misma o más delectación amistosa, hace algunos negocios, canta algunas coplas y los despide también; y cuando aquéllos y éstos se han ido, no ha quedado de ellos en Andalucía ni el recuerdo, si no quedó grabado en un puente de piedra, una mezquita catedral o una mina abandonada». No cabe duda de que el sentido patrio de Manfredi le lleva a configurar una Andalucía poblada por gentes de origen cuasi divino, con un grado de inteligencia e intuición superiores, y tan hábiles en el contacto con el otro que ni siquiera los ocho siglos de presencia árabe lograron dejar algo más que el leve recuerdo de una mezquita.

No son pocos los autores que desdeñan la teoría del mestizaje cultural como fuente de la que bebe el flamenco. Algunos, como José María Pemán, han llegado a sostener que la hipótesis de una descendencia africana de los fenómenos andaluces y levantinos, entre los que están, obviamente, el cante y el baile, no es más que una gratuidad que se mantiene a la espera de una mejor explicación, y apunta que ésta pudiera ser la de que el origen de los cantes y los bailes, y de todos los fenómenos aún no explicados de Andalucía, esté en raíces tartésicas, y que la aparente similitud entre «lo nuestro» (por lo andaluz) y lo árabe no sea sino porque lo árabe también tiene una raíz tartésica, y es, por tanto, «hermano de lo andaluz, pero no su padre».

Esta teoría tan curiosa de Pemán se apoya en unos textos clásicos (Estrabón) en los cuales se relata cómo morían los turdetanos en el suplicio de la cruz cantando al viento sus penas, y concluye Pemán que en esos cantos llenos de lamento se encuentra el origen del cantar por soleares.

En definitiva, para Pemán, y por extensión para Manfredi y tantos otros auscultadores de la historia española con un evidente sentido patrimonial de la misma, los andaluces vieron pasar a los árabes, como a los romanos, como a los fenicios de Tarsis, como a los iberos tramontanos, sin tomar ni dar nada a cambio; antes bien, con un sentido del humor «único en el mundo», capaz de hacer un chiste de cuanto observaban a su alrededor con la actitud de gentes independientes que nunca se doblegaron ante nadie.

Hoy parece descartada esta visión purista y no exenta de una impronta xenófoba hacia todo lo foráneo, máxime cuando procede de África, y se acepta sin ambages que en la fusión cultural reside la cuna del flamenco. Y lejos de ser un estigma, se entiende que esta riqueza es la que ha hecho grande a una de las manifestaciones culturales y artísticas más poderosas y enigmáticas de que ha sido capaz un pueblo. Pero hay algo que a muchos escapa o se les oculta: la expresión de todo un pueblo es, como tal, inexcusablemente política, y tiene, por ende, un peculiar sentido de la historia y una visión propia de la realidad y configuración social.

El flamenco, «que es un mundo propio pero no aparte», como sostiene el estudioso sevillano Manuel Urbano Pérez, nos ofrece una visión política muy concreta de Andalucía y su pueblo, y es desde la copla como mejor se han expresado esta tierra y sus hombres desposeídos. A este respecto se pregunta Urbano Pérez: «Y la política, ¿es que no ha inspirado al cante?», para responder a renglón seguido: «Se ha destrozado tanto y de muy distintas maneras todo lo andaluz; millones de páginas se han escrito sobre este lacerado y luminoso sur, las más de las veces con visión de viajero ante lo insólito, o siguiendo un tema de moda, o arrastrando posturas maniqueas de uno u otro signo; de ese Mulhacén de letra impresa que constituye la bibliografía andaluza, pocos son los textos salvables. Y el flamenco no podía quedar indemne, todo lo contrario; para muchos se quedó en producto de consumo por señoritos marchosos, para recitales de prostíbulo o para degustación de cabales que lo escuchan, mientras le miran al repetido trasluz de las botellas de Jerez, como pasada y aséptica reliquia museable; o que es algo colorista, relumbrón y típico apto para el más huero de los folclornacionalismos de consumo interior. Parece que existan eternas miradas por desclasarle; de ahí que se le revista para sacarle a la calle o se le desprecie cuando huele a cueva, taberna, esparto, sudor o trabajo».

Impresiones éstas que pueden sonar en extremo duras, pero que, afinando el oído, llega uno a comprender que en la heterodoxia de esta reflexión se esconde uno de los acercamientos al origen del flamenco más acertados. No en vano la moda de lo flamenco, que en la década pasada llegó a ciudades como Madrid e inundó de misticismo andaluz a los más ortodoxos defensores del *new-age*, apenas si pasa de ser una postura estética y estetizante que a base de volantes y sevillanas pretendió haber encontrado la raíz misma del cante jondo. Una más de las embestidas del pseudofolclorismo. Una mirada detenida en las letras de las coplas, del cante jondo, nos lleva a advertir la voz dinámica y nunca estática de un pueblo, voces ciertamente expoliadas que cantan e interpretan los acontecimientos históricos de, por lo menos, los dos últimos siglos. Esa misma mirada detenida nos lleva a observar que no puede ser de otra forma si aceptamos que el pueblo andaluz, mayoritariamente agricultor y pescador, sin contar la presencia gitana que constituye en sí toda una clase de lumpemproletariado y marginales, ha vivido en estos dos últimos siglos una historia tejida a base de oligarquía caciquil, terrateniente, sacristanesca y cerril. El propio Azorín habla de todas estas condiciones como elementos insoslayables del proceder andaluz... ¿Por qué no iba a ser así en el flamenco? Que repare el lector en lo gráfica que resulta esta copla popular, y anónima, rescatada por el padre de los Machado:

Ahora que soy el ayunque
me precisa el aguantá;
si argún día soy martiyo,
ya te puedes prepará.

Existen, claro está, otras interpretaciones sobre el contenido de la copla flamenca. La más extendida, quizá, es la que prefiere ver en el conflicto amoroso la piedra angular sobre la que gira todo lo que acontece en el cante flamenco, algo así como un romancero hecho a base de coplas de cordel que narra historias de hombres destrozados por mujeres ingratas (el mito de Carmen, por ejemplo), o amoríos gitanos aderezados con rituales de virginidad probada ante el clan, o fatalidades a las que conducen la desesperanza, la traición, el desengaño. Claro que existen estas coplas y este cante jondo que hace suyas las vivencias de un pueblo que también en el amor quiere expresar sus desalientos y sus fortunas. Pero es que acaso esas relaciones amorosas, llevadas a la tragedia en una copla, pueden entenderse como algo ajeno a una relación asimétrica en la cual una de las partes trata de explotar en su beneficio los sentimientos de la otra. Dicho de otro modo, ¿no será, como advierte el antropólogo sevillano Isidoro Moreno, que el sentimiento amoroso despechado y trágico de la copla flamenca es una refracción, desde un plano simbólico, de las relaciones entre las clases sociales?

Estudiosos de la talla de Dante Gabriel Rosetti, Cansinos o Urbano Pérez han aceptado esta intrepretación. Gabriel Rosetti ha llegado a afirmar que la copla andaluza no es una rapsodia épica sino un cante lírico, que sobre el tema aparente del amor va derecha a afrontar el misterio del destino: «La copla andaluza es siempre una confesión que pide otra, una pregunta que clama respuesta y que la busca, aunque sea dentro de su propio fondo, como Job ante el enigma, y como Job blasfema, increpa y profiere palabras amargas. Pero todo eso se debe a que el hombre andaluz, el pueblo andaluz, se siente profundamente desgraciado».

La pena que vives,
la sangre que sientes
van haciendo un nudo
para anochecerte.

Suena la guitarra
y nos dice una
casi interminable
palabra de angustia.

Un temblor de lluvia
desmorona el cuerpo;
la lluvia y la sangre
con el mismo tiemblo.

No podemos dejar de mencionar a quienes han querido ver desde siempre en el flamenco la devoción andaluza por sus vírgenes y sus cristos. También éstos están divididos entre partidarios y detractores; los primeros, persuadidos de que tras la máscara devota de quienes imploran a las imágenes cristianas benditos remedios para sus males, se guarece el sentir de un pueblo, el andaluz, «que dulcifica lo feo y lo malo para que no se quede en el infierno», tal y como lo expresa Manfredi, que llega más lejos y recoge una cita de Rodríguez Marín para mayor deleite de sus incondicionales: «Dios puso en nuestra Andalucía todo lo que había que poner. Hizo cuanto supo y rompió el molde». Y añade Manfredi Cano de su propia cosecha: «Hay en lo andaluz un regusto por las cosas bellas, y una instintiva tendencia a disimular la fealdad dondequiera que se encuentre; en ninguna tierra del mundo hay un vocabulario más extenso de palabras sucedáneas de las inevitables groserías del idioma, ni más diminutivos para hacer íntima y entrañable la conversación; hasta los verbos se ponen en diminutivo en Andalucía».

Los detractores, por contra, observan este fenómeno religioso, ciertamente andaluz si nos atenemos a las manifestaciones de culto propias de la Semana Santa, como un puro teatro lleno de irreverencias tales como los piropos emocionados con que los sevillanos, por ejemplo, obsequian a la imagen de la virgen Macarena, o esas historias cantadas en coplas que nos hablan de ocurrencias y anécdotas más o menos adobadas con gracia y malicia. Pero cabe hacer la observación de que lo andaluz no es sinónimo de flamenco por más que en las saetas puedan encontrarse jipíos, madres muertas y amargores varios. Aun cuando todo ello puede inscribirse en el universo de lo flamenco, éste es en sí mismo un universo mucho mayor que ha teñido con su murmullo multitud de músicas populares de ida y vuelta por varios continentes.

Una última nota antes de cerrar este asunto del contenido de la copla flamenca y su capacidad ambivalente para expresar la cosmogonía de un pueblo que durante siglos ha sabido rebelarse, aun con susurros, frente a las opresiones de todo signo.

Manuel Barrios recoge en su libro *Rimas de la oposición popular* una copla por soleares que las gentes le recordaron a Manuel Fraga, toda vez que éste había sido destituido de su cargo como ministro de la Gobernación y a raíz de una famosa frase pronunciada por él cuando todavía ocupaba el cargo. La frase en cuestión es «La calle es mía», y el cante por soleares dice así:

Tu calle ya no es tu calle,
que es una calle cualquiera
camino de cualquier parte.

Habrá que aceptar, cuando menos, que resulta difícil seguir aceptando que el cante jondo, la copla flamenca en suma, es una expresión mansa y resignada de un pueblo que ha cantado, y canta, bajito por temor a molestar al vecino. Entre tanta conjetura «erudita» no faltan, incluso, quienes afirman sin mayores complejos que la razón de

que lo jondo se cante entre murmullos se debe a que las juergas flamencas siempre empiezan y acaban al cobijo de la madrugada. A estas alturas, parece claro que si el cante jondo ha sobrevivido a siglos de intemperie se debe en buena medida a ese susurro de dientes apretados mascando dolor y rabia. Desde este planteamiento llegaremos a ver de forma clara que no es el flamenco una expresión artística amojamada. Hay que seguirle en su trayectoria para descubrir que nació en el bajo mundo andaluz, y para los de abajo nunca ha sido fácil, en ninguna parte, hacer que su voz sonara con el estruendo propio de los tambores y trompetas imperiales.

Apresurémonos a decir, no obstante, que, contra lo que muchos puedan pensar, esta visión del flamenco imbricada en su propio acontecer histórico, social, político, económico..., no se emparenta directamente con ninguna filosofía política doctrinaria o ideologizante, por más que en ocasiones haya servido de sustento a determinadas opciones políticas partidistas. Los autores que defienden la dimensión política del cante flamenco se avienen todos a esclarecer que nada hay menos sentencioso que la copla flamenca o el cante jondo. Se trata más bien, tal y como lo expresara Manuel Machado, de un poema dramático que encuentra en la seguirilla (de la que hablaremos más adelante) su quintaesencia.

La grandeza del ¡ay!

Ese ¡ay!, palabra espantada, desgarrada y rebelde que aún no ha encontrado el grafismo exacto, es en realidad la dimensión mayúscula del flamenco, de donde brota toda la grandeza trágica de un pueblo que representa así el colmo de la rabia y la ira. «El hombre roto, la mano que no encuentra el hombro hermano», que nos dice Urbano Pérez.

Es por ello que en ocasiones la letra queda diluida en los quejíos del cantaor y que incluso llegue ininteligible a los oídos de quien escucha, de quien la siente, si bien no puede concluirse que la letra ocupe un lugar secundario o de mero relleno; por el contrario, esa letra ininteligible es el destrozo mismo del cantaor. Es la verdad que empuja el cante. «Cuando canto a gusto, me sabe la boca a sangre», recoge en una cita de la cantaora Tía Anica la Piriñaca el profesor Urbano Pérez.

Es el cante flamenco el sentimiento de toda la experiencia personal del cantaor más la herencia de un pueblo que viene de lejos, o sea, una tragedia individual que busca ser comunicación colectiva y latente memoria de un mundo injusto. Este llevar algo dentro y recordar cómo se ha vivido es constante en los auténticos cantaores. Para explicar mejor este sentimiento, valga la idea expresada por el cantaor Pepe el de la Matrona y recogida en el libro de José Luis Ortiz Nuevo *Pepe el de la Matrona, recuerdos de un cantaor sevillano:* «El flamenco viene de dos fuentes: una, la emoción de la alegría, y otra, la emoción de la tristeza, porque tanta fuerza tiene una como otra. Y yo pienso: ¿en dónde más que en un cautiverio?, porque un cautivo lo mismo espera la sentencia de muerte que la libertad. Y por eso yo digo que de ahí, de un cautiverio, es el sitio más adecuado donde ha podido salir esto del flamenco».

II. LO ANDALUZ, LO FLAMENCO, LO GITANO

andaluz, za: 1 Natural de Andalucía. ‖ **2** Perteneciente a esta región de España. ‖ **3** Dialecto que se habla en Andalucía.

flamenco: 1 Natural de la antigua región de Flandes o de las modernas provincias de este nombre. ‖ **3** Dícese de lo andaluz que tiende a hacerse agitanado. *Cante, aire, tipo* flamenco. ‖ **7** Idioma flamenco.

gitano: 1 Dícese de cierta raza de gentes errantes y sin domicilio fijo, que se creyó ser descendientes de los egipcios y parecen proceder del norte de la India. ‖ **4** Que tiene gracia y arte para ganarse las voluntades de otros. Suele usarse en buen y en mal sentido.

He aquí tres conceptos que siempre han traído de cabeza a los investigadores acarreándoles no pocos problemas y disgustos. Las definiciones son las contenidas en el Diccionario de la Real Academia Española. Como puede comprobar el lector, las definiciones de flamenco y gitano se revisten con un sobrado carácter peyorativo en la medida que lo gitano es, desde esta concepción etimológica, una característica negativa y que, como tal, en su contacto con lo andaluz se vuelve flamenco. Tantas veces, y por tan largo tiempo, se han impuesto estas definiciones que aún hoy son muchos los que se resisten a entender que la base misma del arte flamenco se apoya sobre estas tres patas.

Pero vayamos por partes y acerquémonos a una visión más sesuda de lo que se entiende por cada uno de estos conceptos. Comencemos por la opinión de varios autores, con ideas y visiones muy distintas entre sí, que han estudiado esta trilogía de elementos subyacentes en lo que hoy denominamos, sin más, flamenco.

Domingo Manfredi: «El andaluz está íntimamente ligado a sus tareas, que adivina en el ritmo de sus herramientas y trabajos el son de sus cantes; la fragua, el trillo, el paso de las yuntas, el chirrido de las ruedas del carro, el ruido del motor del molino, cualquier ritmo sirve al andaluz para entonar con él y cantar; por eso llama tanto la atención a los no andaluces la facilidad de éstos para el cante, sin advertir que el misterio se deshace cuando se advierte que en Andalucía canta todo, pero canta mientras trabaja. Nacen y se desarrollan junto al tajo, junto al trabajo; y los cantes grandes de Andalucía son para cantarlos mientras el cantaor trabaja, porque el ritmo y el son hay que tomarlos del yunque, del trillo o de la yunta. De ahí que en los distintos cantes se adivina enseguida que los hombres que los cantan son de tierra adentro, de campiña, de sierra, de playa, de frontera... Se podría resumir todo en esta forma: lo andaluz es a lo flamenco lo que el ejército regular a los guerrilleros, y ambas cosas son a lo gitano lo que un capitán de la marina a un patrón de falúa contrabandista. En cuanto a lo jondo, ya lo dice la palabra, es algo tan profundo, tan hundido en el tiempo y en el espacio, que ya existía cuando lo andaluz, lo flamenco y lo gitano no eran sino larvas, o quizá ni eso siquiera».

Cansinos: «La copla andaluza nos ofrece la versión más auténtica del alma de las gentes del sur y la obra más legítima de su genio apasionado. (...) La copla, que canta la rebeldía íntima de unas razas vencidas, obligadas a aceptar un credo extraño, a abandonar costumbres y tradiciones amadas, a enmascararse y contrahacerse».

José María Pemán: «¿De qué se acuerda el alma andaluza con tan suave melancolía? Según García Sanchiz, se acuerda de Tartesos, del Califato, del oro de América. Sin embargo, éste me parece demasiado erudito. Yo creo que el alma andaluza se acuerda de algo que sólo existe en su propia imaginación; yo creo que el andaluz sólo es un destronado del trono de sus propios sueños. Por eso su cante tiene languidez de cante moro de caravana».

Manuel Urbano Pérez: «(...) Lo jondo es la voz universalísima y ancestral de Andalucía en conjunción cierta de lo arábigo-morisco-judeo-gitano. (...) Es, por tanto, voz y expresión desde la realidad del drama individual que se concreta, personaliza e identifica en Andalucía».

Valgan estas definiciones, dispares a conciencia, para ilustrar de qué modo estudiosos tan ajenos unos de otros en sus opiniones se acercan, en cambio, a un mismo punto esencial. Y es que Andalucía está definitivamente en el lado opuesto al de las postales de *souvenirs* que todos hemos adquirido alguna vez para recordar paisajes que nos impresionaron.

El cante flamenco extrae sus letras de la tragedia y la realidad de todos estos pueblos convertidos en uno en Andalucía. Pero esta conclusión no oculta que lo andaluz y lo gitano, por ejemplo, son dos conceptos perfectamente definidos y claros, dos maneras de entender la vida, dos modos de comprender el problema eterno de la muerte, dos maneras también de sufrir y de cantar. Es por esto que para muchos flamencólogos la mezcla de lo andaluz y lo gitano dé como resultado el flamenco, que, visto así, sería una suerte de híbrido, ni carne ni pescado; un mestizo que ha heredado de su padre y de su madre todo cuanto éstos habrían heredado a su vez de sus antepasados.

Algunas interpretaciones, más o menos populares, afirman que el flamenco es un término que se acuñó en Andalucía a la llegada del séquito de los caballeros del emperador Carlos, quienes se enamoraron tanto de las costumbres y usos andaluces, que acabarían por ser más papistas que el papa, más andaluces y más gitanos que los propios gitanos y andaluces, con lo cual el resultado fue que, con el paso del tiempo, terminarían por ser lo mismo andaluz, flamenco y gitano.

Igualmente es conocida la teoría de que lo flamenco tiene su origen en los primeros gitanos llegados a España y asentados en Andalucía; gitanos oriundos de Bohemia y llamados flamencos, a quienes se atribuyen costumbres nómadas. También es extendida la idea de que *flamenco* sea un vocablo derivado de dos palabras árabes que, unidas, significan algo parecido a «gente humilde». Lo que sí parece probado es que el término *flamenco* tiene una clara raíz provenzal, y que significa tanto «llameante» como «encendido».

Para algunos reputados escritores andalucistas, la teoría más aceptable del origen del término flamenco es la que señala que así fue como se denominó a los bailaores y cantaores por aquello de que vestían unos trajes ceñidos que les hacían parecer unas aves flamencas, tesis socorrida por el hecho de que en América se les llame flamencos a los individuos que resultan espigados y en extremo delgados. Como quiera que sea, a estas alturas la única verdad cierta es que, al margen del origen preciso del término, para todos los estudiosos y entendidos en el arte flamenco, lo que importa es descifrar qué hay detrás de él.

Hasta donde recoge la historia y tradiciones de los pueblos gitano y andaluz, suponiendo que efectivamente sean cosas distintas que convergen en un tiempo y espacio, parece no ser un impedimento a la hora de aceptar que hablamos, en suma, de un arte, extremo reconocido incluso por los más acérrimos puristas de la arqueología flamenca.

¿Y los gitanos? Mientras que de los árabes nos quedan en España muestras palpables de un imperio que llevó los destinos de la mayor parte de la península Ibérica, con lo cual nadie duda de su participación en la génesis del flamenco, al pueblo gitano no le ha seguido la misma fortuna. Todo lo contrario. Sabemos que durante siglos, tres según algunos historiadores, mantuvieron una lucha encarnizada contra los «payos» (no gitanos), que sólo acabó en el momento en que les fue permitido asentarse en tierras del sur peninsular, y, según los indicios, ese asentamiento fue la chispa del cante jondo.

En 1499 se promulgó en Medina del Campo una pragmática que dejaba muy malparados a los gitanos: «Andáis de lugar en lugar, muchos tiempos é años ha, sin tener oficios ni otra ma-

nera de vivir alguna; salvo pidiendo lemosnas, é hurtando é trafagando, engañando é faciéndovos fechiceros é adevinos, é faciendo otras cosas no debidas ni honestas». Esta descripción de un pueblo errante responde en realidad al modo de vida de toda la etnia «calé» (gitanos) de la Europa de entonces. Así vivían en Alemania, Francia e Italia en aquel siglo XV, mucho antes, incluso, que en España, donde hasta el año 1485 no parece que se tuviera conocimiento de su presencia, tal como puede deducirse del Ordenamiento de Montalvo hecho público aquel año, y donde ni siquiera se menciona a los gitanos.

Es muy probable que la animadversión surgida entre payos y gitanos proviniera de las diferentes costumbres y modos de vida entre ambos. Los unos sedentarios, los otros nómadas; los primeros, buscando trabajos estables que les permitieran instalarse; los segundos, en pro de oficios y granjerías que no supiesen ataduras que imposibilitaran su trashumancia. Iniciada la desbandada, empezó la persecución.

Los Reyes Católicos les mandaron salir del reino si no trabajaban y vivían en lugar permanente; Carlos V confirmó esta orden y agravó las penas para los infractores; Felipe II les prohibió andar de feria en feria si no llevaban los permisos correspondientes, para los cuales tenían que cumplir una larguísima y complicada serie de trámites. Eran años en que las Cortes no dejaban de instigar a la Corona para que persiguiera a los gitanos, y las autoridades secundarias, encargadas de aplicar las leyes, casi siempre se excedían en sus funciones y carecían del menor tacto a la hora de hacerlas cumplir y hostigar a los gitanos errantes.

El resultado de aquella persecución provocó algunos levantamientos en armas de los gitanos contra los pequeños tiranos que amenazaban con amargarles la vida sin tregua. Hay episodios narrados por algunos historiadores que dan cuenta de cómo llegaron las cosas a tal punto de enfrentamiento que dieron lugar al surgimiento de leyendas escalofriantes, en las cuales se hablaba de gitanos que se comían a los niños crudos o los vendían a los moros para que preparasen con ellos extraños y misteriosos ungüentos con que curar a los sultanes tísicos. Probablemente sea éste el origen del dicho popular que llega hasta nuestros días y que los adultos suelen utilizar para amedrentar a un niño impertinente o falto de apetito: «Mira que viene el gitano y te lleva».

Todo cuanto se escribió en la época respecto a este pueblo no fue, desde luego, con la intención de conocerlo y acercarse a sus gentes, sino para rogar a la monarquía que los expulsara definitivamente de España. En un texto que recoge Manfredi Cano, quien cita a su vez a Clementi, figura una petición que fue presentada en las Cortes en 1607 y reiterada en 1610: «Que los gitanos que saliesen del reino no volviesen, so pena de muerte; que los que quedasen se avecindasen en pueblos de mil vecinos arriba, y que se impusiese también pena de muerte a los que traficasen en ganado».

Las crónicas hablan de que allá por el año 1611 algunas cuadrillas de bandoleros gitanos asaltaron la ciudad de Logroño y estuvieron a punto de tomarla, cosa que no ocurrió porque los logroñeses se defendieron. Pero la situación volvió a repetirse años más tarde.

En 1633, algunas aldeas fueron asaltadas por cuadrillas de bandoleros gitanos, lo que motivó que Felipe IV obligase a los gitanos a dedicarse única y exclusivamente a labores del campo y que no tocasen clavo ni herradura «so pena de sanciones graves». Carlos II llegó más lejos y señaló que los gitanos sólo pudieran instalarse en cuarenta y un pueblos, o sea que si los encontraban en otros distintos a los estipulados, «serían reos de muerte si iban más de tres y llevaban armas».

Felipe V agravó las penas y disminuyó las posibilidades de integración de los gitanos, ya que les cerró todas las puertas, les negó todos los derechos y los conminó hacia el camino de la marginación y la locura. Pero no acaban ahí los pesares de este pueblo. En 1748, Fernando VI mandó apresar a más de nueve mil gitanos, los cuales debían pasar a los presidios de África, cosa que luego no ocurrió porque la misma dureza de la pena la hizo difícil de cumplir.

Campomanes propuso una solución a tono con los presidios de África: aconsejó que los gitanos fuesen utilizados como pobladores de los países de ultramar donde nadie quisiera ir; es decir, a América y Filipinas, en calidad de mano de obra forzosa. Dicho de otro modo, como esclavos.

Los primeros asentamientos

Las cosas empezaron a cambiar bajo el reinado de Carlos III, quien derogó todas las leyes anteriores y dio a los gitanos el derecho a vivir donde les diera la gana y a trabajar en el oficio que más les gustase, aplicando a los que delinquieran las mismas penas que al resto de los súbditos del reino. Al poco, los gitanos comenzaron a asentarse en los pueblos, instalaron sus fraguas o sus cuadras, se aclimataron a la vida social, se olvidaron de su bandolerismo y no cometieron mayor porcentaje de infracciones que el resto de sus convecinos.

Hay que señalar, sin embargo, que no todos los que andaban por los caminos y pueblos vestidos de bandoleros con trajes gitanos lo eran de verdad, porque de haberlo sido no tendría sentido, como señalan varios autores, la pragmática de Carlos V mandando dar azotes a las mujeres que sin ser gitanas se vistiesen como ellas; ni habrían corrido frases como las que proclaman no pocos payos advirtiendo que en España no había gitanos propiamente dichos, «sino muchos zánganos, ateos y bandoleros» a quienes venían bien el nomadismo del pueblo gitano y las maneras bravas de los bandoleros para adoptarlas y actuar como los segundos haciéndose pasar por los primeros.

Este dato resulta extremadamente importante para comprender cómo desde entonces y hasta nuestros días muchos han tenido la afición de hacerse pasar por gitanos sin serlo, vistiéndose como ellos, hablando como ellos, bailando como ellos y cantando como ellos. Probablemente sea éste el origen del folclorismo flamenco, del flamenco como espectáculo. Y hasta es posible que de aquellos trajes utilizados por los bandoleros ataviados como gitanos surgiera el traje flamenco, que tanto vale para bailar en un tablao como para torear en una tienta o montar a caballo en una feria andaluza.

Las crónicas nos describen los trajes de aquellos gitanos como vestidos ajustados y ligeros que solían adornarse con botones, alamares y filigranas, algún que otro parche muy relimpio, más por gala que por necesidad, y una faja de color llamativo. Este traje sería confundido más tarde con el propio de los pueblos andaluces; llegó a ser una especie de traje andaluz por antonomasia, hasta el punto de que todavía hoy las muchachas que se visten de faralaes dicen instintivamente vestirse de andaluza o de gitana.

Del mismo modo, es muy probable que el primer gitano que subió a un tablao a cantar o bailar con su traje corto no lo hiciera porque era su traje de baile, sino porque era su traje de ordinario, de todos los días, con el que andaba por su pueblo; pero sembró la semilla de los trajes de flamenco actuales: pantalón ajustado, chaquetilla corta, sombrero de ala, camisa bordada, botas enterizas....

Hecho este breve recorrido por la historia del pueblo gitano, parece obvio sacar la conclusión de que el elemento gitano se mezcló en Andalucía con el resto de culturas que ya se habían hecho patentes. A los gitanos cabe atribuir, quizá, el quejío del cante jondo, como expresión de tanta adversidad y desaliento, y también el colorido del misterio, el duende y la gracia, sustancias todas que distinguen un cante de Caracol o un baile de Carmen Amaya de cualesquiera otros.

Por todo lo dicho, llegaremos a la idea central que subyace a lo largo de este capítulo: que la génesis del flamenco es, en rigor, una fusión de las culturas árabe, judía, cristiana y gitana. Tal vez por todo ello Andalucía es hoy un drama por esencia.

Como han señalado estudiosos de la talla de Cansinos, los hermanos Caba y tantos otros, «el andaluz disfraza su resignación, en la que confluyen la desesperación filosófica del islam, la desesperación religiosa del hebreo y la desesperación social del gitano, del jornalero, de todo el pueblo andaluz. En una palabra, los motivos de una larga y negra queja».

El cante flamenco es un vehículo de comunicación de la verdad de todos estos pueblos; una verdad extraída de sus trágicas realidades y que mueve la voz del cantaor, es decir, del bracero, del matarife, del gitano; en conclusión, del andaluz. Pero de un andaluz sin batas chillonas de lunares, perfectas para la exportación del folclorismo y para contentar a ciertos señoritos que han preferido siempre vestir a lo jondo, con un cierto aire de romanticismo de oropel y farolillo. No faltan las voces que denuncian cómo este folclorismo andaluz ha sido intencionadamente puesto en pie en épocas muy recientes de la historia de España para que sirviera de bastión y baluarte de la españolidad; más aún, como estetizante espectáculo con el cual se pretendía mostrar un falso idilio andaluz, por extensión español, entre el desposeído y el señorito diletante. Y para que no faltase de nada, un poco de neocostumbrismo a base de terratenientes, obreros sumisos, toreros y toros. Y ¡cómo no!, la sempiterna imagen de unos gitanos hambrientos sentados bajo una parra junto a una mujer de carnes morenas, satisfechos y orondos, a los alegres sones de una guitarra que, eso sí, siempre podía alquilarse por unas monedas.

La fecha exacta del nacimiento del cante jondo resulta difícil de precisar; no obstante, todos los flamencólogos coincide en fijarla más o menos hace dos siglos, y para todos ellos la expresión interna de lo jondo sólo puede entenderse si se tiene en cuenta todo lo dicho anteriormente. Si alguien se pregunta por el pueblo que creó el cante jondo, acabará por llegar a estas culturas que hemos mencionado, a la historia de cada una de

ellas y a la que protagonizaron en común, que, como se ha visto, fue cocinada con abundantes especias de amargura. Este drama social se sigue expresando hoy en la copla igual que hace doscientos años, aun cuando algunos de quienes la interpreten carezcan de certidumbres sobre sus propios orígenes.

Por ello, como dijera el maestro Cansinos, puede que hasta la bomba quepa en el cante, o que ya esté en él. La copla, o cante, es definitivamente el alma de una Andalucía que desde siempre se sublevó ante la injusticia. He aquí algunas coplas rescatadas por Fernando Quiñones, y recogidas en un ensayo del profesor sevillano Urbano Pérez:

Con esa mata de pelo
y esa cara de sandunga
tiene usted más hombres
*   muertos*
que tiene Isabel II.

O esta otra, fandango de Riotinto:

Los soldaítos de España
están cayendo a millones
pá sacarle las castañas
al conde de Romanones

La copla, como cualquier otra expresión artística, es un fenómeno cultural que ha ido evolucionando con el paso del tiempo. El quejío ha ido variando por más que muchos puristas se empeñen en negarle la etiqueta de cante a nuevas manifestaciones que han adquirido voz propia fusionando lo flamenco con otras músicas. Aunque este tema lo veremos en un capítulo más adelante, detengámonos simplemente en el aspecto más llano de este asunto: las transformaciones de la copla desde finales del siglo XVIII hasta la actualidad. Parece lógico pensar que desde aquellas primeras coplas de finales del siglo XVIII hasta nuestros días el cante flamenco haya sufrido algunas modificaciones. Así, por ejemplo, mientras que el continente sigue siendo prácticamente el mismo, el contenido de la copla se ha ido adaptando al sentir de cada época. No es el mismo cante aquel de los tiempos liberales de las Cortes de Cádiz que los cantes de la Andalucía impregnada de las ideas socialistas y obreras de los años veinte y treinta de este siglo.

En el comienzo se manifiesta claramente una conciencia primitiva —tal y como señala José Luis Ortiz Nuevo—, un fatalismo simple que lo es no porque así sea la psicología andaluza, sino como consecuencia de la opresión conocida en la historia; los vientos de las ideologías llegaron al sur y prendieron en el alma de sus gentes, la copla entonces deja de ser un grito ciego y se puebla de ideas que hablan de anarquismo, socialismo, capitalismo...; las mismas ideas de las que oyen hablar los andaluces.

Digamos, como síntesis, que han sido tan ricos y variados los elementos que se dieron cita en el sur de este mapa bético entre los siglos VIII y XV, y a partir de éste con la llegada del pueblo gitano, que no es de extrañar que tanta riqueza y variedad cultural, con sus respectivos elementos musicales implícitos, terminara por arribar en un cante común que hoy denominamos flamenco.

Recogemos a continuación un extracto clarificador de cuáles han sido las etapas de este cante a lo largo de su historia, extracto reseñado por el escritor gaditano Fernando Quiñones:

— Modos jónico y frigio (dramático y cromático) inspirados en el canto litúrgico bizantino y griego, mantenido en Córdoba hasta el siglo XIII por la Iglesia mozárabe y cuyo influjo en el cante flamenco ha sido subrayado por Manuel de Falla

— Primitivos sistemas musicales hindúes transmitidos a través del elemento humano sirio y del cantaor y poeta bagdadí Ziryab, durante el emirato de Abderramán II, reconocibles técnicamente en el enharmonismo, el estilo reiterativo y ornamental de algunos cantes (la seguirilla de Curro Durse, por ejemplo).

— Cantos y músicas musulmanas, introductores de la «gama oral» (derivada de la chino-oraniana), y de una nueva categoría musical cual fue «la medida». El fandango y sus múltiples derivaciones, estudiadas por Julián Ribera, son expresión de este influjo, así como el frecuente uso de melismas, característico tanto del flamenco como de los cantos norteafricanos actuales. La influencia islámica debió actuar hasta mediados del siglo XVII, especialmente en las tierras bajoandaluzas y en el campo, con preferencia a las ciudades.

— Melodías salmodiales y sistema musical judío, entre los siglos IX y XV. Ecos del cante sinagogal en algunas seguirillas, concretamente en las de Joaquín de la Serna, cantadas por Manuel Torre; también en las saetas, emparentadas con la famosa canción hebrea *Kol Nidrei*.

— Canciones populares mozárabes, de tipo indígena, autóctonas andaluzas, en las que se proyectaría la sombra y el ritmo de las cántigas gaditanas, que acaso fueren sus antepasados. A este tipo de cante pertenecieron las jarchas. Mozárabes fueron también las callejeras *zamras o zambras*, tan caras a muchos califas cordobeses.

La investigación de Fernando Quiñones, de extraordinario valor y esmeradísima aportación documental, nos habla de un panorama musical anárquico, como resultado de la confluencia en Al-Andalus de los más variados influjos: orientales, helénicos, semíticos y autóctonos, laicos y religiosos, cantos sinagogales, invocaciones muezínicas, liturgia griega y visigótica, cultas canciones del Ziryab, melodías hindúes y persas, canciones iraquíes del achefe de Bagdad y Omar de Basora, melopeas bereberes, jarchas mozárabes... Ahora bien, nos sugiere el escritor que entre todos ellos existe un denominador común, como lo fue el que todos participaron en los cantes y bailes arábigo-andaluces, jarchas y zambras.

«Esta cultura arábigo-andaluza comprendía una constelación tan amplia que resultaría ser la tónica dominante en toda la Península hasta el siglo XV», nos dice el antropólogo sevillano Urbano Pérez, «y creo que a partir de entonces, esa cultura resultaría, poco a poco, aplastada por el poder castellano y leonés tras la conquista de Fernando III. La cultura andaluza, la cultura islámica, fue destruida, y por tanto las tradiciones musicales que lograron perdurar fueron las populares, las que se transmitían oralmente y de generación en generación de modo culto y clandestino. No de otra forma pudo ser, porque no creo que las canciones moriscas pudieran ser cantadas en público y de viva voz: pensemos que el cristiano viejo (afirmación de pureza de sangre que otorgaba la más completa carta de seguridad, cuando no de patente de corso) es algo totalmente opuesto al morisco antiguo, es decir, al andaluz. Así, oculta y perseguida, pudo perdurar la peculiar expresión racial y musical de Andalucía. Baste con repasar los textos de Caro Baroja para darse cuenta de que también ahí se advierte que la vida, costumbres, expresiones e incluso supersticiones moriscas han sido tenidas por gitanas durante muchísimo tiempo».

La simbiosis gitano-morisca

La conquista de Andalucía, iniciada, como hemos dicho, con Fernando III y culminada con Isabel y Fernando, supondría ciertamente un dominio cultural que acabaría por enterrar en los guetos de las barriadas o en las zonas campesinas a todas las expresiones arábigo-andaluzas. Castilla coloniza y su poder se deja sentir. A esto hay que unir la llegada del pueblo gitano en el siglo XV y su posterior persecución.

Gitanos y moriscos confluyen en unas tierras andaluzas dominadas por una corona decidida y firme en su voluntad de anegar el imperio islámico en suelo peninsular. Así pues, los gitanos terminarán fusionándose con los moriscos que tratan de escapar del Santo Oficio, con campesinos sin tierras, con ex presidiarios y desertores; todos acaban conviviendo en los estratos más bajos de una Andalucía que empezaba a desdibujarse como crisol de culturas hasta entonces en franca armonía y convivencia. Juntos, y también revueltos en el subproletariado más bajo, gitanos y moriscos protagonizan una simbiosis extraña que daría como resultado un mestizaje poco común.

Ricardo Molina, en su ensayo antropológico *Misterio del cante flamenco*, hace la siguiente reflexión sobre este asunto: «(...) La influencia ambiental es tan importante que los judíos se parecen físicamente más a la población en que secularmente habitan que a sus hermanos de raza de otras regiones. Algo parecido ocurre con los gitanos. A veces se confunden, además, caracteres psíquico-culturales con rasgos biológicos. En consecuencia, los gitanos andaluces se comportan como andaluces. Confusión que continúa en los siglos XVI y XVII, cuando muchos moriscos deciden habitar en los corrales de las grandes ciudades para pasar inadvertidos y tener más posibilidades de escapar a la expulsión».

Interesante texto que alumbra los orígenes de una simbiosis entre gitanos y moriscos. Pero añadamos, para que el lector no se llame a engaños reduccionistas, que los gitanos siempre mantuvieron algo así como un Estado dentro de otro Estado, un particular modo de entender la vida y obrar en ella, aspecto que conviene mentar, ya que en no pocas ocasiones se ha pretendido despojar, desnaturalizar, la cultura gitana reduciéndola a una amalgama fusionista que los coloca como meras esponjas receptoras de lo ajeno sin nada propio que aportar.

Nada más lejos de la verdad. Los gitanos se mezclaron, sí, y los moriscos se mezclaron también. Pero no fue esa fusión un proceso asimilador de uno frente a otro, sino un común acuerdo tácito en el cual primaron más razones de supervivencia, solidaridades innatas, instintos de preservación, que una actitud implorante o humillada de ninguna de las partes. No olvidemos que esta historia de simbiosis también salpicó a los payos (andaluces no gitanos), y que muchos de éstos se mezclaron con gitanos. Es lo que el poeta andaluz Félix Grande ha denominado en algún momento «camaradería de la desdicha»; una suerte de solidaridad espontánea que funcionó en los momentos más dramáticos de la re-

presión contra los gitanos, a quienes muchos andaluces payos pobres dieron cobijo.

Para algunos autores, esta convivencia simbiótica permitió, por ejemplo, que los gitanos aprendieran de los moriscos las danzas tradicionales, argumento que añade un escalón más en la tesis de que el flamenco no es cosa de un único pueblo y, por tanto, tampoco es básicamente gitana, como tantas veces se ha pretendido. No nace de una expresión cultural a la que luego se le añaden elementos de otras. No; el cante flamenco es una expresión musical que arrastra una mezcolanza tal de voces que ni es paya, ni gitana, ni morisca, ni andaluza. Ninguno de estos pueblos tiene la primacía o monopolio del flamenco. Tal y como sugiere el escritor de Jerez de la Frontera José Manuel Caballero Bonald, el flamenco vendría a resultar de una fusión entre gentes que compartían, o tenían en común, modos de vida similares, un modo semejante de «buscarse la vida» que facilitó la convivencia hasta el punto de que llegó a resultar difícil distinguir a unos de otros.

Detengámonos en una trascripción literal de un texto de Caballero Bonald a este respecto: «Es cosa sabida que, después de la expulsión de los judíos y la rendición del último baluarte árabe —hecho que coincide, más o menos, con la llegada a la Península de las primitivas tribus de gitanos—, fueron creándose en la España del siglo XVI unos imprecisos estamentos sociales, formados por individuos de muy distinta procedencia y mentalidad: moriscos y judaizantes, gitanos y campesinos sin tierra, gentes dispersas y errabundas perseguidas por la Inquisición o escapadas del destierro o la clandestinidad. Se ha dicho que los gitanos españoles son, en cierta medida, un producto de mezclas étnicas, tan sometidos a los hábitos del hampa en algunas de sus obligadas formas de vida.

Es muy posible que, efectivamente, la etnia gitana propiamente dicha no arraigase en España sino a través de esas fusiones y que, entre nosotros, se haya dado por extensión el nombre de gitanos a los presuntos cruces de éstos con aquellas desheredadas familias de huidos del Santo Oficio y de los tribunales civiles. Unos y otros debieron juntarse —por razones a veces contradictorias— en la común desgracia, y la misma sociedad que los segregó de su seno fomentó en ellos el vagabundaje y la violenta lucha por la vida.

Lógicamente, esos heterogéneos grupos de tránsfugas, a los que fueron agregándose otros distintos reflujos sociales, acabaron por fusionar en un mismo crisol sus viejas formas de cultura, intercambiándose entre sí los atavismos de sus respectivas historias sociales».

De toda esta larga tradición resultaría una voz personalísima y profunda, el alma de Andalucía que se dice en su canción más genuina, y comienza a gestarse en la más jonda de sus dimensiones: el cante flamenco.

III. EL CANTE JONDO

La guitarra, el baile, el cantaor

La protohistoria del flamenco podemos situarla entre los años 1783 y 1850, fechas señaladas por los historiadores del flamenco como el momento en que comienza a manifestarse a raíz de la derogación de las pragmáticas de persecución contra los gitanos en España.

«Ochenta largos años en los cuales comenzó a forjarse la España contemporánea, y en los que la expresión flamenca oscilaría entre el compás de los eventos nacionales y la ausencia de compás, ortodoxia y ritmos perfectos», opinión ésta del profesor Urbano Pérez que remata con la siguiente aseveración: «Por lo que respecta al cante jondo son los años en que se gesta y forma definitivamente dentro del reducto de la familia, y, tímidamente, poco a poco, saldría a la calle. Es su auténtica etapa creadora y en la que se oficiaría como rito doméstico sublime en el que se canta y cuenta toda la inenarrable tragedia personal de sus protagonistas, así como sus alegrías. El flamenco es el cante del reencuentro: del hombre con los suyos, con su tragedia, con sus antepasados, con su cultura, con su larga historia de hambres, miedos y eslabones».

A esta etapa familiar del cante jondo le irá siguiendo de a poco una expansión hacia las afueras de ese espacio cerrado, aunque universal, donde era posible intercambiar el lamento de un quejío ahogado durante tanto tiempo. El corro de la familia donde se gesta el cante es un ágora en que se puede gritar el inmenso dolor de la injusticia.

Con el tiempo, una vez en la calle, el cante jondo experimenta una explosión que lo sitúa como expresión racial; como expresión más o menos secreta de identidad étnica. Después iría transformándose en abierta confidencia, hasta que, finalmente, sin mermar su autenticidad, el cante comienza a servir como herramienta capaz de suministrar dinero.

El flamenco comienza entonces a calar en otras capas de la sociedad andaluza, circunstancia que impulsó las primeras fiestas familiares o privadas a las cuales acudían a cantaores y bailaores conocidos para animarlas. Pero aquellas fiestas todavía conservarían un mucho del aliento de improvisación, de la necesidad interior del cantaor o bailaor, y, sobre todo, del ambiente cálido e imprescindible que los empujara. Dicho de otro modo, no había fiesta posible si cantaor y bailaor no encontraban la posibilidad de arrancarse, otra hermosísima palabra flamenca que expresa el tirón, la fuerza, del nacimiento del cante, hasta el extremo de que ninguna exigencia conseguía imponerse a las ganas de cantar o bailar de sus intérpretes.

Algunos testimonios recogidos por diversos autores nos revelan la intensidad de este carácter de improvisación, de duende, de magma telúrico sin el cual era del todo imposible una fiesta flamenca. Así, nos cuenta Urbano Pérez que «para hacer al cantaor decirse en las tabernas era preciso halagarle, hacerle sentirse cómodo, como entre el recinto de los suyos; todo tenía que pasar por confidencia: unas copas, solidaridad por los cuatro costados y el aire rezumando espontaneidad, preparado para hacer pasar por él los más negros sones de la noche y la vida. Lo válido será, y ya para siempre, ese chorro de voz que duele por dentro».

Pese a que estos años son en la historia del flamenco una espesa nebulosa debido a la escasez de datos históricos, es sabido que se trató de una época floreciente, como lo prueba la larga nómina de letras conservadas y que llegan hasta nuestros días gracias a que la sabiduría popular las ha conservado. Algunos estudiosos se afanan en señalar que es ésta una de las etapas del flamenco más creativas y pocas veces igualada con posterioridad. Sea o no discutible, sí está claro que en esta época florece el cante flamenco y también, he aquí una aportación novedosa, las canciones andaluzas que acabarían por entremezclarse con el primero.

Canciones populares que como las liberales jotas de Cádiz, las jaberas, nanas y fandangos, entre otras, son muestra de este despegue paralelo del cancionero andaluz. Pero no fue ésta la única mezcla producida en estos años. La emigración, principalmente del proletariado andaluz, al nuevo continente vendrá a jugar un papel destacadísimo en el flamenco. Sevilla, Cádiz, Málaga y Almería empiezan a funcionar como auténticos puertos lazo, y

la cultura andaluza no podía quedarse al margen o ajena a este trasiego de ida y vuelta por el Atlántico. De ahí que no pueda hablarse en rigor de la música andaluza sin atender a esta influencia americana. La América española empieza a buscar su propio destino histórico en las naciones independientes, y Andalucía, tan receptora siempre de culturas que arrancan desde la Antigüedad, no podía por menos que hacer suya la cultura criolla.

Del otro lado del océano regresa un cante que aporta al flamenco nueva savia e incluso nueva vigencia. Un texto de Estébanez Calderón recoge a la perfección este fenómeno de fusión entre Andalucía y América por medio de la música: «Sevilla es la depositaria de los universos recuerdos de este género, el taller donde se funden, modifican y recomponen en otros nuevos los bailes antiguos y la universidad donde se aprenden las gracias inimitables, la sal sin cuento, las dulcísimas aptitudes, los vistosos volteos y los quiebros delicados del baile andaluz. En vano es que de las dos Indias lleguen a Cádiz nuevos cantares y bailes de distinta, aunque siempre sabrosa y lasciva, prosapia; jamás se aclimatarán si antes paseando por Sevilla no dejan el vil sedimento, lo demasiado torpe, lo muy fastidioso y monótono, a fuerza de ser exagerados. Saliendo un baile de Sevilla como un crisol, puro y vestido a la andaluza, pronto se dejará conocer y será admitido desde Tarifa a Almería y desde Córdoba a Málaga y Ronda».

Llega lo jondo

Según opina Tomás Borrás en el prólogo del libro *Artes y artistas flamencos*, de Fernando de

Triana, no se puede hablar de flamenco como expresión artística propiamente dicha hasta bien entrado el siglo XIX: «No hay arte flamenco hasta el siglo XIX, y el esfuerzo racial para alumbrarlo y desarrollarlo se produce merced al temperamento de artistas gloriosos..., gentes del pueblo, herreros, carreteros, agricultores, pescadores, mujeres de familia humilde...».

Entre mediados del siglo XIX y hasta el primer cuarto de nuestro siglo se desarrolla la etapa denominada histórica del cante jondo. Etapa, como hemos visto, floreciente y dinámica que para muchos es considerada la edad de oro del cante, aunque para otros se trata precisamente de la etapa en que comienza el principio de la decadencia del mismo, porque consideran que tiene lugar una «pérdida de la interioridad expresiva». Tal vez, la visión más acertada, o al menos la más atemperada, sea la que advierte el antropólogo Manuel Urbano cuando señala que a su juicio «debe contemplarse esta etapa de la historia del cante jondo exactamente como contemplamos la historia de España en la misma época, es decir, una etapa de larga andadura y del más variado signo. En él, por ejemplo, conviven letras desclasadas, burguesas y reaccionarias, nacidas exclusivamente para halagar a un público festero y vacío, pero en las cuales de algún modo se trasluce el auténtico latir popular y la situación real de hambre y miseria». Veamos un ejemplo de estas letras que anidaron en esta etapa de lo jondo a la que se refiere el antropólogo.

Quisiera tener de lomo
la barriga prevenía,
y de longaniza el colmo,
diciendo con alegría:
¡Venga vino, que m'ajogo!

O esta otra en la que se hace patente la escasez y los denodados esfuerzos por salir de ella:

Tengo lo que tú no tienes,
un reló que da la hora
y un molinillo que muele.

Etapa fértil esta del cante jondo que no puede verse al margen de los acontecimientos políticos, sociales y culturales del marco en que se produce. Desde 1854 hasta la segunda o tercera década del siglo XX, abarcamos una setentena de años extraordinariamente ricos para la historia española en general, y, por extensión, para el cante jondo.

«Los últimos años del siglo XIX fueron los años de los cafés, y, en las principales ciudades andaluzas, los cafés terminan siendo los lugares donde el cante flamenco de los gitanos se mezclaba con el baile de los mismos, y las visitas que las gitanas hacían luego de mesa en mesa, hablando, bebiendo y rompiendo a bailar, en medio de las bromas de su género, que conducen a borracheras, cuestiones, y terminan, con mucha frecuencia en tinares, con tiros y puñaladas dentro y fuera de dichos establecimientos», describe el ingeniero jefe de minas de Linares Enrique Naranjo de la Garza, en un informe publicado por el Instituto de Reformas Sociales en 1886.

Cafés y tablaos

El primero de estos cafés del cual se tiene noticia se sitúa en Sevilla en el año 1842, según recoge Urbano Pérez, para quien resulta lógico que sean éstos los lugares desde donde se expande y se da a conocer el cante jondo, puesto que ya era muy conocido por un amplio sector de la población, que además apreciaba mucho el calor con que llegaban a los demás aquellas letras surgidas de dentro del alma: «Su fuerza de grito y sus negros sones son señal clara de identificación de una buena parte del pueblo andaluz. Es lógico, por tanto, que el cante jondo suba a las tablas, que se ofrezca públicamente, y surja ya para siempre el cantaor profesional: un hombre que ve la oportunidad de ganar dinero sin un mayor esfuerzo de trabajo que el arte secular, si bien no es menos cierto que para la mayor parte de los profesionales la vida no fue cómoda ni fácil».

Tales fueron la fuerza y el arraigo que tomaron estos cafés que en algunos de ellos se llegaron a lidiar novillos, aunque esto parece atribuirse más al interés comercial de los propietarios de los cafés que a la ligazón ineludible del cante con el mundo taurino. Es probable que en este punto pueda establecerse otro de los nexos de unión entre cante jondo y lo andaluz propiamente dicho. El caso es que los cafés se llenaban de gente entusiasmada con la fiesta flamenca que tenía lugar entre sus paredes, pero es también el origen de un oportunismo clientelista que contentaba a los bien instalados económicamente al tiempo que limitaba los vuelos expresivos del cante y sus letras, dado que quien paga elige. De este modo, los cafés de cante terminan reduciendo la expresión de las letras de lo jondo a los estrechos límites del amor, la muerte, la madre y un fatalismo a ultranza.

Las letras que se suben por entonces a los tablaos son, por lo general, blandas en su intencionalidad política. Dejan de cantarse las tonás, las livianas y deblas, que suponían todo un testimonio del romance ancestral de un pueblo que vertía en estas letras su historia. «A partir de este momento», nos recuerda Urbano Pérez, «las letras del cante jondo se llenan de un populismo bajo, cuando no ñoño y decadente; tremebundos tangos como el del crimen de Casarabonela son los que suceden a las viejas corridas y cantes carcelarios; los cantes de minas en los cafés andaluces apenas son cantados por considerárseles payos en demasía».

Puede decirse que el cante jondo deja de ser desde entonces una confesión que busca a otra para pasar a depender directamente de los intereses de quien paga; el cantaor profesional se debe a las exigencias de su profesión, y ahora en los cafés las letras pasan a ser una letanía de melodramas sobre amores frustrados, madres en el hospital y una larguísima serie de canciones que aparecen siempre referidas al contexto amoroso. El cantaor ha aprendido a ocultar su rostro, a disimular su dolor. Aun cuando existen, paralelamente, cafés en los cuales se siguen cantando letras con verdadera intencionalidad, pero más por la existencia de un público favorable que como desgarro de un drama sentido y que corroe por dentro.

Los cantes mineros

En este punto hay que hacer un paréntesis obligado y referirse a los cantes mineros, que empiezan a tomar auge por esta misma época y en los mismos escenarios de los cafés cantantes. Muchas veces se habrá preguntado el lector qué razón explica el hecho de que en determinadas zonas del Levante español, en Asturias o en la mismísima Galicia pueda uno sorprenderse escuchando a alguien que se arranca con un cante jondo. Pues bien, la respuesta está en las minas.

Durante estos años que hemos visto, Andalucía pasó de ser una comarca cuasi medieval a convertirse en algo peor si cabe. Una suerte de caciquismo totalizador se instala en la región y, con él, una burguesía atraída por la creciente expansión de un nuevo y floreciente comercio en la zona: las minas.

Hacia finales del siglo XIX, Riotinto se había convertido en el núcleo minero más grande de Europa; allí se asienta un importante número de mineros andaluces. Pero no fueron los únicos. Peñarroya, Linares y La Carolina ven brotar del subsuelo incontables bocaminas que precisan de urgente mano de obra. Hasta estas zonas llegan gentes venidas de La Mancha, de Extremadura, de Murcia, de Aragón, de Asturias y de Galicia dispuestas a trabajar en las minas, en la fundición o en la construcción de caminos de hierro para transportar personas o mercancías. Sólo en Linares se pasó de seis mil habitantes en el año 1849 a treinta y seis mil en 1877.

Esta multiplicación supuso enormes ventajas para una determinada población. Por ejemplo, para los campesinos de los pueblos de los alrededores, que rompían y regaban la tierra a destajo para dar alimento a toda aquella gente, o para los tenderos y comerciantes que de la noche a la mañana vieron cómo sus modestos negocios pasaban a convertirse en prósperos establecimientos; e incluso para los políticos resultó ventajosa aquella concentración humana venida de tantas partes. Y, ¡cómo no!, particularmente beneficioso resultó para los dueños de las tabernas donde la pros-

titución y los especuladores compartían una misma clientela agotada tras una jornada laboral sin tregua y, en muchos casos, enferma por las pésimas condiciones de trabajo y de vida.

El número de gente crece más deprisa que las viviendas; los problemas sociales son mucho más veloces que las leyes para regularlos, y las necesidades de la población y los municipios, muchísimo más abundantes que los medios para satisfacerlas. Por si fuera poco, el precio de los minerales se fijaba en la Bolsa de Londres, donde el capital internacional decidía las fluctuaciones y el valor de cambio de aquellos frutos arrancados de la entraña de la tierra.

En este marco no puede extrañar que el cante siguiera resultando válido a aquellos hombres como vehículo de expresión de una realidad existencial dura y cruenta. Los cafés cantantes ensanchan hasta estas zonas sus filiales y en los pequeños tablaos empiezan a escucharse los ayeos de una taranta, de una cartagenera o de una minera. En unas poblaciones donde había menos mujeres que hombres, las tabernas y los cafés cantantes se convierten en el refugio familiar para un montón de jóvenes envejecidos con apenas cuarenta años.

Un texto de Calero Amor, recogido por Urbano Pérez, en el cual hace referencia al modo de vida de los mineros de Linares, resulta descarnadamente gráfico: «(...) el vino es barato y el kilo de carne solía costar lo mismo que el jornal de un hombre, porque la carne y la leche son artículos reservados para los pudientes; para el pobre, bacalao, garbanzos y alubias; las viviendas son escasas y pequeñas, y el hacinamiento es campo abonado para los gérmenes infecciosos. El plomo, metal de vida y metal de muerte. Emigrar a Linares, trabajar en Linares, enfermar en Linares, morir en Linares».

El cante jondo se vuelve más jondo que nunca en boca de los mineros. Las coplas son rotundos y espeluznantes testimonios de la vida en las minas. Cantes que nacen con todo su dolor y con sonidos tan negros como la misma entraña de la tierra en la que muchos enterraron sus vidas.

Es ésta una nueva expresión del cante jondo que grupos de hombres cantaban apostados en los mostradores de un interminable rosario de ventorrillos y tascas alineados en dirección a la mina. En estos paupérrimos quioscos se vendía toda clase de licores, y por ello muchos mineros llegaban ya embriagados al trabajo. Y al salir, lo mismo. Una vez más, las letras de estas coplas nos hablan de alienación, miseria e intensidad vivencial.

Las tarantas, mineras y cartageneras ya no hablan de problemas sociales más o menos adivinados o entrevistos: ya son deliberadamente explícitos. Pero los cantes mineros tienen, además, la particularidad de que mientras revelan la realidad que ahora se produce a través del trabajo colectivo, siguen al mismo tiempo conservando el elemento consustancial al cante, es decir, la presencia latente de la historia:

Los gitanitos der Puerto fueron los más «esgrasiaos», que a las minas del asogue se los yeban condenaos.

Otras veces los gitanos gastaban medias de «sea», y ahora por su desgracia gastan grillos y «caenas».

Todas estas razones explican cómo y por qué el cante jondo amplió su primigenia geografía sureña y comenzó a desentrañar caminos misteriosos que lo llevaron del sur al norte, del este al oeste. A medida que aquellas minas iban dejando de ser rentables y otras nuevas hacían su aparición en distintas regiones, muchos de aquellos mineros cogieron de nuevo sus escasos enseres y se trasladaron hasta los nuevos enclaves. Esas migraciones fueron la ruta de expansión del cante. Mezclados con los bártulos, los mineros portaron las coplas aprehendidas en las minas de Riotinto, Linares, La Carolina...; en sus nuevos destinos el cante jondo se reveló como lo que es: voz autónoma e independiente de naturaleza universal.

Academicismo flamenco

Volvamos de nuevo a los cafés. A no demasiados kilómetros de estas minas, en los cafés cantantes de las incipientes ciudades andaluzas, estaba teniendo lugar el florecimiento de los profesionales del cante jondo. Fue esta misma profesionalización la que llevó al cantaor a la necesidad de especializarse en todos los palos (cantes). Se buscaba la perfección musical, lo cual significó, como rasgo positivo, que estos cafés fueran el germen del perfeccionamiento del cante jondo y que en sus tablaos éste llegase a las más altas cotas. Junto al cantaor que conoce todos los cantes se apareja la figura del especialista. Las gentes acudían entusiasmadas a escuchar la voz de un determinado cantaor; se pierde la voz afilá, ronca y dura, para dar entrada a otras menos broncas.

La guitarra, hasta entonces alta, con el invento de la cejilla quitó al flamenco aridez y le proporciona mayores fijezas musicales. Comienza una nueva etapa conocida como academicismo flamenco; puerta de entrada de los artistas que sustituyen al cantaor despersonalizado que sólo se debe a sí mismo. El artista se debe ahora a su público, y los señoritos de castas encuentran en el cante una expresión que hacer suya desde una atalaya puramente estética, sin historia ni drama. Se atribuye a Silverio Franconetti la introducción del cante como fenómeno deshistorizado y dominado por un academicismo puramente musical.

Todo un proceso de cambio que tiene lugar entre los últimos años del siglo XIX y primeros del XX, y que resultaría ser, a la postre, el vehículo mediante el cual el cante jondo traspasa las fronteras de Despeñaperros para llegar a Madrid, donde se instala, ya convertido en consumo, «para el deguste, principalmente, de señoritos pseudoandalucistas, marchosos, verbeneros y chulos», como describe Tomás Borrás en el citado Informe para el Instituto de Asuntos Sociales.

Los cafés cantantes llegan hasta Barcelona, e incluso a Bilbao, y el flamenco penetra en esos locales por donde rueda un colectivo de gentes, hombres mayormente, del hampa. Así lo describe Borrás: «(...) El flamenco era cosa de golfos y borrachos, de gentuza y de maleantes. No se supo decantar el arte límpido que daba un grupo nacional de los posos y grupos de las fermentaciones en las juergas de la ciudad y del señoritismo que encanallaba a esas mujeres y a esos hombres de la nativa marina y la labradora campiña, otra cosecha humana nacida del alto azul y del jugo profundo inmaculados, hasta que rodaban por las artificiales ciudades».

Pero, afortunadamente, no fueron esos cafés de las incipientes grandes ciudades ni los únicos ni los mejores lugares por donde discurrió el flamenco para

mantenerse en su pureza de expresión existencial. Hubo muchos cantaores y bailaores que se negaron a profesionalizarse y reservaron su voz sólo para sí y para los suyos. Gentes que no podían comprender que pudiera ser cante jondo aquel que se decía en los cafés y tablaos, es decir, fuera del espacio del pequeño grupo. Tanto es así, que muchos de los llamados profesionales del cante jondo acudían a pequeñas reuniones para aprender de los maestros silenciosos los verdaderos tonos, aunque nunca pudieron hacer suyos ni la verdad íntima ni lo jondo que aletea en el alma de Andalucía.

El *Cancionero Flamenco*, editado en 1881 y recogido por Balmaseda, es un verdadero testimonio de lo dicho. En sus páginas se advierte cómo en aquellos años de los cafés poblados de profesionales del cante jondo muchos eran los que buscaban en las reuniones del auténtico cante la fuerza que no poseían. Valga como ejemplo este clarificador texto acerca de cómo eran los verdaderos ambientes flamencos de principios de este siglo, recogido por José Luis Ortiz Nuevo, según reseña Manuel Urbano:

«Yo tenía un tío mío que se llamaba Juanichi y el cante que yo tengo es suyo, el cante de Antonio Frijones que lo sabía mi tío a la perfección, y mi pare, que los dos cantaban, pero eran cantaores de mostrador, cantaores de echar la peoná y irse a un tabanco a cantar y a beber vino. Lo que pasaba en aquel tiempo: que se ajuntaban unos pocos, se iban al tabanco y allí mi pare y mi tío y otros de la familia, y de otras familias (...). Se ajuntaban en la calle de la Sangre, un tabanco mu grande que había en una casa de vecinos y vendían vino (...). El sitio era como una sala grande y cuando venían los flamencos del campo se iban tos allí (...). En los tabancos no había guitarras; si se emparejaba uno que supiera, sí; pero como no sabían ninguno cantar con guitarra, pues cantaban al estilo de golpe en el mostrador, haciendo son con las manos, unos lo hacían con las palmas, otros con los nudillos». Este texto reproduce parte de una conversación con Tío Gregorio, conocido como Borrico de Jerez.

Vemos, una vez más, cómo lo jondo tiene un barniz místico, un sonido de antiquísima letanía, una exaltación personal parecida al trance de las exaltaciones religiosas, y por eso el cante jondo, como cante primitivo que todavía está vivo, es capaz de conmover a todo un auditorio hasta lo más profundo del alma, consiguiendo que un martinete o un polo pongan al público de pie o sentado y sumido en una profundísima excitación, que suele llegar a estados de paroxismo en los cuales la gente acaba por romperse la camisa o arañarse la cara.

Podría parecer una exageración, pero el lector que haya presenciado alguna vez en su vida uno de estos espectáculos auténticos, no los del café concierto, sabrá de ese duende extraño, misterioso, que lo invade todo y del que es imposible escapar. Estos sentimientos atávicos son la verdadera esencia del cante jondo, como escuchar el rumor del mar en una caracola y sentir que todos los océanos caben en ese espacio mágico de viejísimas melodías. Tal vez por todo esto es por lo que resulta tan difícil dar con una definición de lo jondo. ¿Cómo definir lo telúrico que suena y vibra en una voz, una guitarra, un baile? Trate el lector de explicar qué es ese misterio que en determinadas situaciones, sin saber por qué, le pone la carne de gallina, el vello de punta, que le encoge el co-

razón en un puño o le coloca un nudo en la garganta. Eso es el cante jondo. Lo inexplicable.

«Teorizar sobre el cante jondo es un despropósito parecido al de enamorarse de una mujer por haber visto su fotografía». Luis Rosales es el autor de frase tan rotunda y esclarecedora; este magnífico poeta andaluz subraya de forma clara lo absurdo de pretender crear una definición sobre algo que no se escribe, que no se habla: «La emoción que alguien puede sentir no es transmisible. Comunicar esta emoción hablando o escribiendo es un empeño irrealizable, algo así como enseñar idiomas por teléfono. (...) Justo es decir que el cante no es la letra; es más, que el cante jondo se apoya mucho menos sobre la letra que cualquier otro cante».

La guitarra

Si hasta ahora hemos estado viendo cómo el cante flamenco posee una fuerza telúrica que nace de la historia vivida, y vívida, de un pueblo andaluz forjado en el cisma de varias culturas; y si nos hemos detenido en observar cómo ese cante está provisto de unas letras que nos hablan de este pasado, ahora vamos a detenernos en la experiencia mística del cante jondo, una experiencia que comprende matices plásticos, estéticos, tan o más inexplicables y telúricos como continente que la misma palabra que encierra. Vemos, por ejemplo, que para autores de la talla de Luis Rosales el cante jondo no puede explicarse por el verbo, aun cuando él mismo nos advierte de la importancia de la letra:

«Yo diría que el cante jondo no es la letra; es más, que se

apoya mucho menos sobre la letra que cualquier otro cante. Tal vez a los poetas este hecho pueda dolernos, pero es igual. El cante es algo mucho más importante y más complejo que la letra. (...) Tiene con ella, desde luego, una estrechísima vinculación, y esta vinculación es justamente la que no puede romperse sin hacerle perder algunas de sus características esenciales. Yo diría que el cante, aislado de la letra, se desvalora, pero la letra aislada del cante no sólo pierde su valor, sino su sentido».

Una apreciación que coincide con la expresada por Manuel Machado, para quien una letra de cante jondo recitada, es decir, oída sin canto, pierde su fuerza desgarradora. «(...) Porque la letra, sin el cante, no se desnuda, al contrario: se apoca. Para que pueda dolernos, para que pueda golpearnos, hay que oírla entre el humo, la tristeza y el vino de la juerga». Nos acercamos de a poco a la fiesta del cante jondo; al espacio cerrado y diminuto por definición donde, como hemos visto, tiene lugar la ceremonia de lo jondo. Una experiencia ritual que comienza al calor de unos vasos de vino para «calentar el ambiente y el alma».

En la fiesta flamenca el arranque de la guitarra es igual que la acción de un conmutador: convierte en atención la alegría del ambiente. Es la guitarra lo primero en sonar; cuando el tocaor comienza a templar las cuerdas es la señal de que el silencio empezará a inundar el espacio; todavía débil en los primeros momentos, aunque ya las voces comiencen a descender y el oído se deje arrastrar para prestar atención a un sonido que no puede calificarse de suave ni melodioso, porque es la suya una belleza extraña y dramática. Cuando suena la guitarra estamos asistiendo en realidad al parto del cante jondo; un nacimiento reacio al pentagrama, de estética imponderable, y que dependerá de la facilidad para expresarlo del tocaor.

El tono y el ritmo resultan esenciales para que haya fiesta, pero advirtamos que en el cante jondo, a diferencia de otros cantes, la composición musical no está sujeta a una determinada forma de ejecución, sino que se sustenta en su misma esencia melódica. Los melismas, o, lo que es lo mismo, la sucesión de varias notas cantadas sobre una misma sílaba, constituyen la base primordial de su melodía, y es la justa distribución de estos melismas lo que dará al cante el embrujo preciso para llegar a lo jondo. Suena la guitarra entonces, y nos llega como un rumor de agua y hojas secas, un rumor que alimenta nuestra excitación y crece a medida que la escuchamos. Observamos también cómo cada nota suena distinta a la anterior; la mano del tocaor hace de cada nota un imperio único que nunca suena igual, o acaso sí y sea éste el misterio: hacernos percibir distinto lo semejante.

Algunos estudiosos de lo jondo se han aventurado a definir el sonido de la guitarra como una musicalidad de variaciones impresionistas, algo así como una imperfección musical que obtiene, a cambio, mayor viveza y vibración melismática. «Suena de un modo siempre virgen y siempre diferente, y este carácter de gracia niñeante confiere a la guitarra su acentuado patetismo», recoge un párrafo de Rosales acerca de la guitarra flamenca tocando jondo.

La unión entre la guitarra y el cante se produjo hace algo más de un siglo, y fue esta fusión la que propició el alumbramiento del verdadero clima de fiesta flamenca. Es preciso que exista la guitarra para que nazca el silencio de los que escuchan y el puntear de las falsetas. La verdadera importancia de este instrumento radica, en parte, en su valor manual, pues de hacerse en él la música directamente con las manos no tiene la precisión ni el acabado de cualquier otro. Pensemos en una copla de cante jondo interpretada al piano. Imposible, porque el piano tiene unas notas hechas, netas, definidas. En la guitarra, en cambio, es necesario arrancarlas, hacerlas nacer, de ahí su condición siempre nueva, azarosa, balbuceante. «Por eso la guitarra suena a naciendo, pero también a acabándose. No hay sonido tan patético como el suyo», sentencia Luis Rosales. Podemos concluir diciendo que la guitarra es la puerta de entrada al cante jondo; el lecho sobre el cual van a parirse siglos de historia.

El cantaor

Cuando le llega el turno, es decir, cuando se logra el clima y sentimos que empieza a apuntarse el palmeo de las manos, sabemos que el cantaor está empezando a hacer son. Se diría que el cantaor entra de puntillas en la fiesta flamenca; no irrumpe de pronto con su protagonismo, sino que, en cierto modo, espera el instante preciso para que su voz forme parte de un todo.

Al principio el cante es bajito, casi mental, como si el cantaor estuviera recordando la memoria que le viene de viejo, o como si una voz le susurrara desde el principio de los tiempos qué es lo que va a decirse, por dónde debe arrancarse. Es lo que se conoce como el ayeo.

Cuando ya está concentrado en sí mismo hace su entrada por

soleares. El ayeo es distinto en cada cante, pero su función la misma: sirve para templar la voz, prepararla, tensarla; sirve para ensayar el cante y, sobre todo, para centrar la atención, definitivamente, sobre el cantaor. Pero también tiene el ayeo otra particularidad, otra virtud diríamos, y es que sirve para que comprendamos, afinando el oído, que lo que está ocurriendo separa, de forma clara y rotunda, el lenguaje expresivo y el lenguaje significativo. Es la puerta del cante; la voz quedándose sola en expresión pura. Todavía no ha empezado la copla, pues el ayeo no son palabras, sino sonidos que preparan a aquélla. Estos sonidos no dicen nada, simplemente tiemblan; no dicen nada, cantan.

En opinión de bastantes críticos del flamenco, en la actualidad se echa de menos en la voz de reputados cantaores de «tronío» (prestigio) una mayor atención al ayeo, cuando —dicen— es lo más característico del cante jondo, lo más genuino. Téngase en cuenta que el ayeo es la entrada del cante por la puerta de la pobreza, de la injusticia inmotivada, de la persecución y la miseria. Vemos, en fin, cómo el ayeo es realmente el cordón umbilical que une al cantaor con sus antepasados. Desde esta premisa, el ayeo es la fuerza misma del cante, la vida que le da forma. Para decirlo con las palabras de Rosales: «Se diría que el ayeo es una copla vacía, su tipificación. El ayeo tiene la arquitectura de una copla que sólo está llena de hojas».

A partir del ayeo surge una pausa muy breve, vuelve a oírse la guitarra, pero ya no tienta, rasguea, abre camino para una voz a punto de arrancarse. De pronto, como si se abriera la tierra, surge una copla:

¡Qué penita tengo...;
¡ay...!

Durante unos instantes sentimos que el alma sigue sujeta a una emoción fortísima que nos mantiene suspendidos en el aire. Se produce, sí, un ligero desahogo, pero desde luego no un descanso. Es como si la tensión provocada por el ayeo hubiera bajado un tono o se hubiera desplazado desde la garganta al pecho. Escuchamos:

¡Qué penita tengo!;
tó me sale mal;
Dios mío....;
que hasta los pasitos
que p'alante doy,
¡ay!...;
se me van p' atrás...

El cante ya se ha pronunciado y la sensación de ahogo se torna emoción, diferencia muy importante porque mientras que el ayeo es magmático, ancestral, telúrico, y por tanto nos deja un sabor de amargura indescifrable, en la copla ya hecha cante escuchamos la letra y sabemos del desgarro que nos transmite, pero ese desgarro y ese sufrimiento son humanos y, como tales, soportables en la medida que conocidos. Téngase en cuenta que esta emoción que sentimos nos llega poblada por varios elementos: la voz, el son, la palabra, la letra...; cada uno de ellos, aunque nos lleguen fundidos, despierta en nosotros su propio torrente de emociones. Por ello es posible sentir que nos emociona una voz, o un son, pero no una letra, o al revés, nos emociona una letra pero menos una voz. Si bien esto último es, al decir de los cantaores, mucho más difícil. «Lo único que vale es el chorro de emoción que a uno le duele por dentro», advirtió un famoso cantaor apodado El Calzones.

En ocasiones la letra queda diluida en los quejíos del cantaor. Sentir el cante es asentir con él, es asentarse en las más hondas raíces, tal y como ha expresado la cantaora Tía Anica La Piriñaca: «Cuando canto a gusto, me sabe la boca a sangre». Y si el cante es autenticidad, parece claro que el cantaor sólo puede serlo desde esa autenticidad. Para decirlo más claramente, no existen intérpretes de cante jondo, el cantaor es el protagonista de su cante, de su drama. Es así que se puede cantar magníficamente bien, conocer todos los estilos, tener extraordinaria voz y registros de notas, pero no llegar a la gente, no calar en quienes escuchan. En no pocas ocasiones se ha escuchado decir a viejos aficionados y conocedores de lo jondo: «De tan bien que canta no dice ná», y es que para que el cante jondo llegue a su justo destinatario, es necesario, como señala con ironía el cantaor Pepe el de la Matrona: «Primero, voz, porque no se ha visto a ningún mudo que cante; luego, usar la inteligencia pá administrar la voz, y luego, el corazón pá trasmitir. Y el artista que sea más extenso pá trasmitir, pues yo creo que tiene más valor, porque hay quien canta bien, pero no sabe cantar, porque una cosa es saber los cantes y otra trasmitir a la gente lo que uno sabe, y si no se trasmite pues estamos perdidos». Ésta es toda la grandeza del cante jondo o flamenco, alarido o desahogo, qué más da, hombres y mujeres al cabo en busca de sí mismos y al encuentro del otro. La más primitiva y certera solidaridad.

No hay más remedio que reconocer en la voz del cantaor, y en la letra de la copla, la indisolubilidad del golpe de vida con que se da. Hace más de un siglo lo apuntó Antonio Machado y Álvarez: «Las coplas no están hechas para venderse ni para escribirse: por tanto, es imposible juzgarlas bien no oyéndolas cantar, toda vez que no sólo la música, sino el tono emocional, les da una significación, una expresión y un alcance que meramente escritas no pueden tener».

Pero volvamos a las facultades del cantaor, facultades que deben estar supeditadas a su íntimo poder de arrebato; de este modo, cuando se dice que un cantaor se lastima, se apela a ese abandono en manos del arrebatamiento, de un dejarse ir por las sendas que dibuja el propio cante.

En el cante no puede haber fingimiento, teatro o interpretación. Para serlo, el cante tiene obligatoriamente que ser un quejío, un sentimiento íntimo que el buen cantaor tiene que saber transmitir. El cantaor es un auténtico biógrafo que nos narra su vida y la de su pueblo enteras, con todo lo que fue capaz de sentir. La voz que logra transmitir lo inunda todo. Se le ven las raíces, se diría que sólo canta para agotarse, para acabar con todo. Tiene la misma vibración ronca, monótona y acezante de la guitarra. En realidad no la escuchamos casi; si afinamos el oído, veremos cómo la voz, y la letra más, podría estar al fondo de otra habitación contigua, porque lo que nos llega es el sentimiento.

Dicen que los buenos cantaores son aquellos que saben cantar sin palabras, y, en cierto modo, esto es el cante jondo. Oyendo al cantaor sabemos que todo tiene un principio y un fin, sabemos que nos habla del nacimiento y de la muerte, y hasta podemos vernos en el final, boca arriba, con sensación de límite.

Nada hay tan apretadamente humano como el cante jondo, ni tan desgarradoramente humano. Oyendo la voz del cantaor comprendemos que detrás de una copla vendrá otra, como la vida misma, y que todo ha de seguir su curso. Y así nos dejamos arrastrar por las orillas del llamado cante grande:

Más pierde, de lo que
piensa,
¡ay...!;
quien la esperanza perdió;
más pierde,
¡ay!...
de lo que piensa,
si la vida le quedó

Es indudable que cada cantaor dice el cante a su manera, aunque en líneas generales el cante sea el mismo, como también es conocido que hay maneras de cantar que corresponden a comarcas determinadas y no a una persona. Este aire distinto del de otra comarca, incluso aunque estén separadas apenas por un riachuelo o arroyo que se seca en verano, marca una distancia abismal. Al respecto, algunos autores hablan de dos pueblos distintos en Andalucía: la «baja» y la «alta», admitiendo que en ambas las coplas de cuatro octosílabos y en las dos son comunes las seguidillas. Rodríguez Marín señala que éstas (las seguidillas) son coplas «donairosas y ligeras»; las coplas de cuatro octosílabos son sólo cantables, como las malagueñas, las rondeñas, las cartageneras y las granadinas, que, según Rodríguez Marín, descienden todas del fandango, que a su vez es un pariente lejano de los cantos árabes; las seguidillas son, además, todas bailables cuando son sevillanas, manchegas o boleras, y sólo cantables cuando sean serranas, trilleras y caleseras.

Para Rodríguez Marín, las coplas llamadas de «jaleo», que sólo se distinguen de las soleares en que tienen cuatro versos y el tema es alegre, de ritmo más vivo y además se bailan, representan el punto de contacto entre lo andaluz, lo gitano y lo flamenco. Así pues, en definitiva, tanto los cantes festeros como

los serios viven ligados a determinadas situaciones vitales, y
son, por así decirlo, su expresión
y aun su potenciación más natural y definitiva. Si se admite
y entiende el cante jondo como
una expresión artística, entonces podemos admitir que innu-
merables veces la expresión artística es como el esqueleto de
una experiencia determinada.
No la recrea: la formaliza. No la
adorna: la ahonda. Le da su forma natural.

Esto es lo que hace un cantaor
de jondo: darle forma natural a
una expresión artística. Pero no
sólo, pues también es el cante
jondo un vehículo de comunicación que expresa la vida de
forma categórica. Es una forma
dialéctica de comunicarse con la
vida. No es preciso por tanto que
las letras de una copla tengan
belleza estética per se, basta con
que se ajuste a la sencillez de la
expresión, al reflejo vital que la
impulsa. Dado que las coplas nacen de una situación existencial
concreta, y que su riqueza y variedad de temas es asombrosa,
basta con que ponga de manifiesto las situaciones cotidianas
de la vida y aflorarán los replie-
gues más sutiles del alma humana.

Luis Rosales tiene escrita una
reflexión sobre este asunto que
recogemos por la extrema precisión con que lo describe: «(...)
Yo he conocido, y he sufrido, y
he envidiado a personas que tenían invitado a su corazón como
se invita a alguien a la mesa, y
lo sentaban en el lugar de preferencia, y lo vivían, a cualquier
hora, como querían vivirlo. Ahí
es nada: un corazón que se podía
cambiar de sitio cuando era necesario. Pues bien, andando el
tiempo me he tropezado con esta
bulería, esta maravillosa bulería, en la cual se describe esta
misma situación vital con una
economía de medios sorpren-
dente:

Tengo yo mi corazón
tan jechesito a mis mañas,
que le digo: llora y llora,
y le digo canta y canta.

El baile

El ritmo de acompañamiento de
los cantes con taconeos, batir de
palmas, castañuelas, golpes con
el pie, etc., provoca una sensación de armonía difícilmente
comprensible para los no inicia-
dos, y son tan imprescindibles
para crear un clima alrededor
del cantaor que si faltan no es
posible la fiesta flamenca. Una
guitarra, una hora propicia,
unas palmas haciendo son a
tiempo, una copa de fino o man-
zanilla que se bebe como un rito,
un auditorio que no pase de más
de seis o siete personas, un clima
creado por la seguridad del cantaor que sabe que quienes le van
a oír entienden de cante...; y tenemos el escenario propicio para
que, llegado el momento, salgan
las bailaoras al centro del tablao
en igual ejercicio de comunión
con lo eterno. Ya hemos visto,
en un capítulo anterior, cómo
existen textos en la Roma clásica
que nos hablan de los bailes que
ejecutaban las muchachas gaditanas, y de cómo maravillaban
en el imperio.

Arañando más en el tema,
Fernando Quiñones apostilla:
«Es casi seguro que, al margen
de su carnal y seductora envol-
vencia, los bailes femeninos ga-
ditano-romanos constituyen un
importante antecedente artístico en la sólida, compleja y dis-
continua historia del folclore gaditano y andaluz en general.
¡Quién sabe el tal vez abruma-
dor parecido que debieron pre-
sentar con los que hoy conoce-
mos, los muchos puntos de contacto que, acogiéndose a la

opinión de historiadores y folcloristas, pudieran tener con ciertos accidentes de lo que hoy entendemos por baile flamenco! De momento, los crótalos, probable familia, según algunos, no ya de las actuales castañuelas, sino también de los pitos y chasquidos de dedos con que en el flamenco se les sustituye, el sentido rítmico y el estilo sincopado del baile de las *puellas* gaditanas, quedan en pie como un hito básico de nuestro interés y de la investigación flamencológica moderna».

La geografía

Antes de pasar a detallar los distintos cantes que comprenden el jondo, veamos algunas anotaciones sobre los precisos orígenes de este arte, tomando para ello diversos puntos de vista de otros tantos autores. Así, por ejemplo, para José Carlos de Luna, el cante jondo hunde sus raíces en tres vértices: Morón de la Frontera, Jerez de la Frontera y Ronda.

Opinión aceptada por otros estudiosos que, no obstante, precisan que ese alumbramiento y su posterior expansión se produjo en pueblos concretos: Arcos de la Frontera, Grazalema, Paterna, Lebrija y Montellano. Existe también la versión de que el cante jondo fue introducido en Córdoba directamente por los árabes en el siglo VII, como un elemento más del acervo folclórico que, junto con las cimitarras, trajesen los soldados de Tarik. Según esto, en el siglo IX llegó a la península Ibérica un músico y poeta árabe llamado Ziryab, quien había recopilado por los caminos de la frontera persa melodías que resultarían ser seguirillas, soleares, saetas, malagueñas y granadinas. Teoría ésta que no cambia en nada la anterior del triángulo de Morón, Jerez y Ronda, ya que, tanto si el cante jondo fue introducido por el poeta árabe como si no, lo que parece claro es que fue en esta comarca andaluza donde se operó el parto que llega hasta nuestros días.

En opinión de Domingo Manfredi, el cante jondo comenzó a expandirse en cuatro direcciones fundamentales: «La primera, rumbo a Morón-Lucena, es decir, hacia las provincias de Córdoba y Jaén; la segunda, hacia Málaga, Almería y la costa levantina; la tercera, camino de Sevilla y Huelva; la cuarta, en las tierras cercanas de Cádiz y de Sevilla». A estas cuatro rutas de expansión cabe añadir la que llevó el cante jondo hacia las tierras levantinas, y hacia la Mancha castellana, a la Extremadura de Badajoz y hasta una buena parte del sur de Portugal. En todas estas zonas, los cantes siguen conservando hoy una misma tonalidad, un temario semejante en profundidad, aun cuando los cantes de Cádiz o de Sevilla sean más alegres y livianos que los de Almería y Badajoz, por ejemplo. Si el lector quiere hacer un viaje por Andalucía siguiendo la ruta de expansión del flamenco, éste podría ser el itinerario a seguir:

Desde Utrera hasta La Carraca

Mientras avanzamos vemos las marismas del río sevillano por el oeste, al fondo, y a lo lejos, el Guadalquivir nos irá acompañando con su donaire de aguas imperiales. Iremos adentrándonos en la llanura de una tierra andaluza que de vez en cuando nos sorprenderá con la hermosura de unos puntitos blancos y diminutos que, a medida que nos acercamos, crecen hasta convertirse en hermosos cortijos arropados por la espesura de los eucaliptos.

Pero también veremos el sudor de los agricultores que trabajan esas llanuras, doblegada la espalda, arrugado el ceño y encallecidas las manos, en busca del codiciado fruto de una tierra fértil pero escasa de humedad por la ausencia de lluvias: limones, naranjas, sandías, melones, garbanzos, algodón, y las aceitunas, delicioso fruto que en Andalucía propicia la elaboración de uno de los mejores aceites de oliva.

Algo más de treinta kilómetros separan a Utrera de Sevilla. Es esta pequeña localidad una de las piezas clave en la historia de España desde los tiempos de los romanos; fueron éstos quienes la bautizaron *Castra Vinaria*, locos como se quedaron con la calidad de sus vinos. Para los árabes fue uno de sus más preciados baluartes; Alfonso X, Alfonso XI, Pedro el Cruel y Enrique de Trastamara la mimaron durante los siglos primeros de la reconquista; y la Iglesia católica puso en Utrera una de las primeras sedes episcopales de los más antiguos siglos del cristianismo.

Dejamos Utrera y la venta de Alcantarilla, enfilamos el rumbo hacia Las Cabezas de San Juan, un pueblecito pequeño de la sierra de Giballín que posee una aduana que nos advierte de la cercanía del mar. Vamos camino al mar. Llegamos a Lebrija, a poco más de setenta kilómetros de Sevilla; aquí abundan los cereales, vino, aceite, frutas, ganado y unas industrias famosas de alfarería, cordelería, telares de jerga y harina. También hay en Lebrija viejas murallas, un castillo y una iglesia mudéjar

con un retablo de Alonso Cano, una torre parecida a la Giralda y, sobre todo, una historia peculiar que hace al objeto de este libro un capítulo ineludible.

La ciudad de Lebrija fue fundada por turdetanos, hombres que morían en la cruz cantando por soleares, según ha escrito José María Pemán, y en ella oficiaban sacerdotes de Baco a cuyo Dios estuvo consagrada la ciudad en tiempos antiquísimos. Cuando llegaron los romanos el culto pasó a Venus; Baco y Venus, el vino y el amor, la viña y la fecundidad, forjan los cimientos de esta ciudad, que por ello es considerada uno de los santuarios sagrados del cante jondo.

Seguimos nuestra ruta y la carretera nos lleva hasta Ventas del Cuervo, lugar donde reza un refrán: *Del Cuervo para abajo está el ajo*, o sea, desde aquí hasta los Puertos está la salsa del cante. Apenas a un kilómetro está la frontera que separa las provincias de Sevilla y Cádiz, y unos cuantos kilómetros más adelante llegamos a Jerez de la Frontera, ciudad donde tiene lugar una de las fiestas de la Semana Santa más famosas de Andalucía. Según documenta Domingo Manfredi —a cuyas investigaciones hay que atribuir este recorrido por la geografía del cante jondo—, Jerez fue fundada por los celtas, «la proclamaron grande los romanos y la hicieron famosa los árabes». También en esta ciudad encontramos murallas y alcázares, la hermosa Colegiata y el Convento de la Merced. Se dice de Jerez que es tierra de los mejores cantes, y, como no podía ser menos, de esta ciudad de solera a otra de no menor estirpe: el Puerto de Santa María (Cádiz).

Cuando los griegos llegaron a esta ciudad la llamaron Puerto de Menesteo; luego se instalarían en ella los árabes y, más tarde, Alfonso X acometió su reconstrucción dándole el nombre definitivo de Puerto de Santa María; durante largo tiempo sería esta hermosa ciudad marítima señorío de la casa de Medinaceli, para pasar a serlo de la Corona durante el reinado de Felipe V. Muy lejos de la estampa tópica que hace pensar en el Puerto de Santa María como escenario donde el aire huele a gazpacho y vino fino, lo cierto es que esta orilla es tierra de rudos hombres entregados a la faena del mar, de la tierra y del curtido del cuero. Actividad por todas partes: chimeneas de las fábricas industriales, trabajo agrícola, pesca, carpinteros y el afanoso bregar de los astilleros. Todo esto para contribuir en la maceración de unos cantes jondos que aquí fructifican como en pocos lugares de Andalucía.

Existen, desde luego, otros muchos itinerarios posibles, por ejemplo el que nos llevaría desde Utrera hasta Morón, pasando por Los Morales y Marchena; hasta este otro que recorre desde Ronda hasta Algeciras, entre otros muchos. En este punto quizá se pregunte el lector dónde quedan los grandes núcleos urbanos, por qué no están en estas rutas propuestas del cante jondo las archiconocidas y míticas ciudades andaluzas. Pues bien, forman parte de lo que podríamos llamar el itinerario definitivo del cante: Sevilla, Málaga, Almería, Córdoba, Granada, Jaén, Cádiz...; en cualquiera de estas poblaciones encontrará el viajero vivas muestras del cante jondo, pero de ellas nos ocuparemos en un capítulo posterior. Valga, no obstante, una advertencia: que tenga el visitante la curiosidad atenta para no dejarse engañar por los espectáculos zafios y predigeridos de tanto garito y tablao de diseño como existen para satisfacer la oferta de los folletos turísticos.

Genealogía del cante jondo

A continuación, y previa a la definición de cada cante, veamos cuál es el árbol genealógico común para todos ellos. Nos servimos nuevamente de las teorías de diversos autores recogidos por Domingo Manfredi:

A) Rodríguez Marín. El autor distingue entre «cantes gitanos» y «cantes andaluces» con un punto de contacto entre ambos: por la parte gitana, las soleares, y por la parte andaluza, las coplas de jaleo. Según esto, serían cantes gitanos: debla, toná, liviana, caña, polo, martinete y carcelera.

Entre cantes gitano y andaluz, soleá y coplas de jaleo.

Cantes andaluces: calesera, trillera, serrana (que conforman las seguidillas cantables); bolera, manchega, sevillana (grupo de las seguidillas bailables y cantables); cartagenera, granadina, rondeña y malagueña (cuyo origen común es el fandango).

B) Torner. Este autor divide los cantes andaluces en tres categorías: jondo, intermedio y flamenco.

Cante jondo: seguidilla gitana, soleá.

Cante intermedio: solearilla, polo, caña, media caña, debla, toná chica, toná grande, liviana, martinete, serrana, cabal, carcelera, jabera y fandango.

Cante flamenco: rondeña, malagueña, granadina, petenera, tiento, bulería, chufla, mariana, farruca, fandanguillo, cartagenera, murciana, taranta, alegría, sevillana y tango.

C) Tomás Borrás. Novelista, poeta y periodista, Borrás distingue en su versión genealógica del cante una estratificación ascendente, es decir, que de un cante nace el siguiente:

Caña y polo; le sigue la soleá.

Serrana y macho; le sigue la seguidilla.

Cante por alegrías.

Cantes que toman su nombre del lugar geográfico donde nacen y/o crecen: jabera, rondeña, malagueña, granadina. Serrana, petenera, cartagenera y murciana.

Cantes regionales: fandanguillo de Huelva y fandanguillo de Lucena.

A éstos añade el autor el estilo propio de cada cantaor como derivaciones de cada cante. Para Borrás, la caña y el polo dieron origen a la soleá, y la serrana con el macho dieron origen a la seguidilla; aquélla y ésta, la soleá y la seguidilla, junto con el cante por alegrías, serían la fuente original de donde nacieron todos los cantes andaluces, aun cuando la descendencia haya tomado nombres y propiedades específicas del lugar donde se desarrollaron, así como del intérprete y la época. Huelga decir que para otros muchos autores esta teoría genealógica resulta bastante discutible, al menos en lo que a escalafón descendente se refiere, si bien parece aceptada su exposición de que el polo y la caña sean los más antiguos. Pero no así, por poner un caso, en el lugar que debe ocupar la malagueña dentro de esta escala.

D) José Manuel Caballero Bonald. También establece tres categorías: jondo, intermedio y flamenco.

Cante jondo: caña; seguidilla; polo; debla; soleares y martinetes.

Cante intermedio: serrana; toná; liviana; carcelera; saeta; malagueña; petenera y fandango.

Cante flamenco: jabera; cabales; solearilla; calesera; bulería; mariana; alegría; rondeña; farruca; mirabrás; roás; caracoles; granadina; alboreá; murciana; minera; sevillanas; taranta; cartagenera; trillera; chuflas; temporeras; fandanguillos; fandango; tango; tiento; guajira; milonga; colombiana.

Dentro de esta agrupación general, Caballero Bonald establece una variante específica dentro del cante intermedio o flamenco, a la cual considera cante de Levante, y que estaría integrada por:

— malagueña
— minera
— murciana
— taranta
— granadina
— cartagenera

El autor señala también que algunos de estos cantes son producto de un viaje de ida y vuelta a América, y admitidos por los cantaores de flamenco como cosa propia.

Así, los tientos, alegrías, tonás, farrucas, mirabá y caracoles, se transformarían en su viaje de ida y vuelta en voz de los inmigrantes, quienes les dieron el tono de guajiras, milongas y colombianas.

E) José Carlos de Luna. Según algunos estudiosos, el árbol genealógico de J. C. de Luna hay que situarlo entre los más completos.

De la seguirilla surgen la saeta y la toná.

De la toná, el martinete.

Del martinete, la debla y las alboreás.

Una ramificación intermedia estaría compuesta por los siguientes cantes en sentido ascendente: caracoles; alegrías, jaleos, tangos, farrucas, garrotines, guajiras y bulerías.

De la malagueña: granadina y media granadina, por un lado, y roás, palmares, campanilleros y vidalitas, de otro.

En la base de todos los cantes: caña, polo y serrana, de donde surgen, a su vez, los siguientes:

Del polo: medio polo, soleares y peteneras.

De la serrana, dos ramas:

a) Taranta, que antecede a la cartagenera, y de ésta el cante de Levante;

b) calesera; cantes de trilla y nanas.

Por último, de los cantes de trilla: temporera, fandango, fandanguillo y sevillana.

IV. LOS CANTES

— Alboreás: José Carlos de Luna las define como «martinetes naturales», más ligeros de tono y sin tercios, de algún modo semejantes a las «nanas». Las alboreás constan de dos partes: una copla cuarteta octosílaba y una especie de estribillo de cuatro versos alternativos. Es un cante de ronda, para cantar a las muchachas casaderas, y de práctica habitual en la Andalucía occidental y en las zonas rurales:

Asómate a la ventana,
cara de mayo «florío»,
que soy Pedro, el de la Juana,
y quiero ser tu «marío»...,
¡Que sí, que no,
te llevaré a Morón...;
que no, que sí,
me llevarás tú a mí...!.

— Alegrías: Cante de Cádiz fundamentalmente. Representa la alegría frente al cante jondo. Canto propio de esta tierra gaditana y, por ello mismo, lleno de luz, sol y salitre. La alegría es un cante breve, según Manfredi, «con curiosa semejanza con un cante siciliano llamado fiori». Los versos son de cinco sílabas cada uno; cuando la estrofa es de dos versos en lugar de tres, el segundo tiene siempre diez sílabas. Los temas son festivos y galantes. Es un cante piropeador:

Cuando va andando,
rosas y lirios
va derramando...
Tiene unos ojos,
que las pestañas
le hacen manojos...

El cante por alegrías tiene tres partes: preámbulo, meollo y epílogo. La salida (entrada al cante) suele ser brava y de difícil ejecución; el meollo es la copla propiamente dicha, por lo común retadora. Y el remate o epílogo, un estribillo suave que sirve de adorno al cantaor.

— Bambas: Oriundo de un pueblo sevillano, Aznalcázar. Según la tradición popular, en este pueblo existe la costumbre de levantar grandes columpios en determinadas fiestas, sobre todo en primavera y verano. Cada calle o barrio compite por alcanzar el columpio más alto, y en esta competición participan de igual manera los varones y las mujeres. A esto llaman «bamba», al columpio gigantesco que levantan. Cuando sube un varón o una mujer, el resto de sus compañeros de equipo mueven unas cuerdas que hacen balancear el columpio. Y este movimiento debe acompañarse con unas coplas llamadas «bambas»:

Eres chiquitita y bonita,
eres como yo te quiero,
eres una campanita
en las manos de un platero...

O esta otra:

La niña que está en la bamba
no tiene padre ni madre,
ni novio que vaya a verla,
ni perrito que le ladre...

El compás de este cante se lleva con el balanceo del columpio, y tiene un cierto aire a fandanguillo, a cantes ligeros de la trilla e incluso a las «nanas».

— Boleras (seguidillas): Las seguidillas resultan ser un cante que encontramos presente en la práctica totalidad del folclore regional español, y siempre adoptan el nombre de la tierra o ciudad donde suelen cantarse. La llamada seguidilla bolera es un compás ternario y con movimientos suaves y majestuosos. Se atribuye a Sebastián Cerezo, en 1780, la invención de la seguidilla bolera como baile. No se trata de un aire gitano. El cante bolera es alegre y movido, pero el baile es elegante y majestuoso. Hay quien define este cante como «la abuela de la sevillana moderna».

Como tú no me faltes,
pan de mi alforja,
como tú no me faltes,
todo me sobra...

— Bulerías: Aquí tenemos uno de los cantes más creativos. El cantaor de bulerías es un improvisador capaz de meter en su compás las melodías más extrañas; todos los cantes de Andalucía suenan en las bulerías. En él se encuentran resonancias de fandanguillo, alegrías, y hasta de soleares. Se canta y se baila. Tanto es así, que no se concibe lo uno sin lo otro. Es un cante alegre, vivo y frenético. Carlos de Luna dice que «se bailan con taconeo de tango viejo y se modulan con quejíos de soleares». Hay autores que se niegan a reconocer en este cante un ejemplo de lo jondo, y más bien entienden que es uno de los tantos gato por liebre que se dan en Andalucía, especialmente en Granada, Córdoba y Sevilla. Pero otros, como Manfredi, —quien señala tres grandes intérpretes de este cante: Canalejas de Puerto Real, el Sevillano y la Niña de los Peines—, no advierten ningún motivo para no concederle la categoría de auténtica liebre de lo jondo.

Se atribuye la cuna de las bulerías a los pueblos del litoral y, como tales cantes de litoral, tienen en su composición una buena dosis de mar, con sus tragedias de enormes olas capaces de tragarse un barco con toda su tripulación. También puede ocurrir todo lo contrario y que la bulería nos hable de un mar tan tranquilo y en calma que resulte difícil creer que alguna vez pudiera levantarse en tormenta y destrozar una flota entera. En las bulerías caben todos los estados de ánimo:

Mariquita, María,
la de mi barrio,
hasta el agua bendita
toma con garbo...

Lo he dicho, y lo voy «hacé»,
un teléfono sin hilo
«pá sabé» de tu «queré»...

Allí ya no hay «ná» que «vé»,
porque un barquito que había
levantó vela y se fue...

Ven acá, falsa, y refalsa,
falsa, te vuelvo a «decí»...
El día que me vendiste,
¿cuánto te dieron por mí?...

— Caleseras: Cante atribuido a los caleseros que, según reza la tradición, los crearon para distraer sus largas caminatas. La letra es una seguidilla sin estribillo. Se dice que el compás de este cante no es otro que el del trote de los caballos, mulas o bestias de tiro. Carlos de Luna lo sitúa entre la serrana y la trillera, según su teoría de que la serrana es un cante que bajó de la sierra al camino real para hacerse en las ventas amiga de los caminantes. Así como los cantes de trilla no serían otra cosa que caleseras. La calesera es un cante vivo, mucho más que la serrana, al igual que el trillo que impone su ritmo vertiginoso. Para Manfredi, la calesera es un cante propio de la campiña:

Tengo una yegua rubia,
rubia castaña,
la rubia de Lucena
se llama el alma...

— Campanilleros: Se atribuye, aunque no con carácter exclusivo, a las cofradías, en especial a las del Santo Rosario, lo cual le da un aire rural indiscutible, ya que es frecuente que por turnos de meses o semanas uno de los cofrades se ocupe de ir despertando a sus vecinos para que estén listos a la hora de iniciar el Rosario de la Aurora. La tradición señala que este cofrade se haga notar con el toque de una campanilla, y, en ocasiones especiales, este cofrade sale acompañado de diez o doce más que portan cascabeles, zambombas (en Navidad), un cántaro vacío que se golpea con una hoja de corcho y un triángulo metálico que se golpea con una varilla de hierro. Éste es el origen del coro de campanilleros que con el tiempo dieron seriedad y compás nuevo al tropel de instrumentos haciéndolos acompañar de una guitarra. El resultado fue que al cante campanillero le salieron aires de fandango, soleares y martinetes.

— Caña: La práctica totalidad de los autores está de acuerdo en que la caña es la primitiva expresión del cante jondo, y que, de este modo, no hay cante que no le deba algo. La caña es una copla de cuatro versos de ocho sílabas que riman alternados, aunque no es necesario que así sea; le sigue un estribillo que se llama macho. El papel de la guitarra no es otro que el de someterse a los tercios del cante, en segundo plano porque en la caña toda la fuerza y la pureza recaen sobre la copla.

La «salida» (modo de iniciarse el cantaor) es una suerte de lamento y angustia, como un grito primitivo que se amansa con la melodía musical, con los melismas propios de este cante. Se trata de uno de los cantes, o palos, más difíciles de interpretar. Es lo que los flamencos llaman el «oro puro» del cante.

El libro de la experiencia
no sirve al hombre de «ná»;
al final viene la letra,
y nadie llega al final...

Llorando...
me pongo a considerar
que es mentira tu querer...
Ya «ná» en el mundo es
«verdá»,
por ti...

O esta otra:

Aunque toquen a rebato
las campanas del «olvío»,
en mí no se apaga el fuego
que tu «queré m'an encendío»
¡Viva Ronda!,
reina de los cielos,
flor de Andalucía...
¡Quién no te ha visto que se
ponga
aquí...!

Ya hemos dicho que este cante es uno de los más difíciles de interpretar, pero no que entre sus mejores cantaores hay que destacar a los gitanos. Aun cuando algunos estudiosos se niegan a concluir que este cante tenga su patria en el pueblo gitano, lo cierto es que a ellos, a los ilustres gitanos cantaores, hay que reconocerles la profundidad, la magia, la gravedad y el misterio con que se han escuchado las mejores interpretaciones del cante por caña.

— Caracoles: Su origen está en el estribillo: *¡Y caracoles... Y caracoles...!*, que hizo famoso a su inventor, según Manfredi, Paco el Gandul, un cantaor que nació en una aldea del término de Alcalá de Guadaira. Antes de él se cantaban unos caracoles antiguos cuyo máximo intérprete fue José de Sanlúcar, una interpretación más sobria, majestuosa y lenta, a diferencia del modo de interpretar de El Gandul, que supo imprimirle la alegría y el salero de los cantes de Cádiz sin desposeerlo de su grandeza del cante jondo. En los caracoles se dan cita la caña, la bulería y el estribillo que da el nombre a este cante.

¡Se va a «quemá»!
La Isla está ardiendo,
se va a «quemá»...
Los de La Carraca
la apagarán...

Aquí traigo esta levita
«pa» usted, que gasta castora;
es prenda que da la hora
si se «vuerve» del revés;
se le quitan las solapas,
se pone un cuello bonito,
y parece, señorito,
un «vestío» de francés...

¡Caracoles, caracoles!
Mocita, escúcheme usted:
son sus ojitos dos soles,
¡vaya bonita, y olé...!

— Carceleras: Como su nombre indica, este cante expresa los dolores y las esperanzas de los presos en las cárceles. Es un cante grave, lento, con picotazos de cante gitano, reminiscencias de martinete, de saeta, de soleá y de seguirilla. Por lo común, la letra de estos cantes habla de presos que sufren por el dolor y el desgarro de haber cometido un delito del que se arrepintieron al instante, como de gentes que en un rapto de locura hubieran hecho, por rabia o por honor, algo de lo que no serían capaces el resto de sus vidas.

Aquel que tenga familia
que no hable mal de nadie,
que puede «tené» el castigo
de que de la suya hablen.

Conocí a un hombre de bien,
tan cabal como un «reló»,

y por cosas del querer
en un presidio murió.

Si alguien hubiera en el mundo
que la libertad me diera,
con «jierros» en los tobillos
esclavito suyo fuera...

Maldita sea la cárcel,
sepulturas de hombres vivos,
donde se amansan los guapos
y se pierden los amigos.

— Cartageneras: El cante de la cartagena tiene mucho de la caña, del polo y de la serrana. Es, por tanto, cante de los grandes, de pura cepa. Su origen se atribuye a los mineros emigrados a Cartagena para la explotación de las minas de hierro y plomo. Emigrantes andaluces de rompe y rasga, que llegaron a esta comarca justo en el mismo tiempo en que tenía lugar la expansión del cante jondo. Famoso es el poblado de La Unión, al que se une Mazarrón y Escombreras, auténticos emporios mineros. Fue uno de estos mineros, de nombre desconocido, el autor de una copla cartagenera bien conocida:

Se está quedando La Unión,
como «corrá» sin gallinas:
a unos se los lleva Dios,
a otros los matan las minas.

Es la cartagenera un cante triste, de tercios largos, cargado de presentimientos; es tan triste como la época de la historia española que lo vio nacer.

— Debla: Es un cante hoy en desuso, pero en su tiempo supuso una de las manifestaciones más claras del cante jondo. Hay quienes sostienen que la debla es uno de los palos más difíciles, junto con la caña, y que tal vez sea ésta la razón de que se haya ido perdiendo. Su carácter es melancólico y sus tercios exigen un esfuerzo sostenido tal que requiere de unas condiciones físicas, de voz, realmente extraordinarias. El cante, el tono, el ritmo, la letra, son muy semejantes a la caña, al polo y a la seguirilla gitana. Se habla de la debla como el mantillo sobre el que floreció el cante jondo. Tiene este cante su estribillo o «macho» y se atribuye a los gitanos su creación, concretamente a un cantaor apodado El Lebrijano, de quien se dice que dijo: «El día que yo canto con duende, no hay quien pueda conmigo».

Es la debla una especie de quintaesencia del cante jondo:

Una mujer fue la causa
de mi perdición primera;
no hay perdición en el mundo
que por mujeres no venga.

— Fandango: En su origen fue un cante para acompañar el baile, de tal modo que el nombre se creó para designar el baile y con el tiempo se extendió al cante. De ahí que para saber de las cualidades del fandango-cante haya que conocer las del fandango-baile ejecutado a tres tiempos, con movimientos vivos y apasionados. Una danza bastante popular en muchas regiones españolas.

Al principio, el fandango se escribía en seis por ocho y tiempo corto, pero en épocas más modernas se adoptó el compás de tres por cuatro; fandangos son, tanto en cante como en baile, la malagueña, la rondeña, la granadina o la murciana, y todos se acompañan con guitarra, palmas y castañuelas. Este cante y baile es uno de los más extendidos en Asturias junto con las alboradas y los alalás; en Extremadura, donde se acompaña de acordeones y panderos, además de la insustituible guitarra. También se encuentra en Mallorca, al par de jotas y boleros, y en Portugal, a la misma altura de popularidad que el *vira*, el *malhao* o el *caminha verde*.

Las letras del fandango lo mismo valen para la guerra que para la paz, para el amor como para el odio, para la muerte como para festejar una nueva vida. Por el fandango entra bien cualquier musiquilla del folclore regional español, razón por la cual para muchos este cante no merece estar en la nómina de los grandes del cante jondo. Pero cuando un cantaor sabe ponerle esquirlas de seguirilla, de serranas y de soleares a un fandango, éste entra de lleno en el reino de lo jondo, si bien hay que reconocer que pocas veces ocurre. El fandango exige una copla de cuatro versos de ocho sílabas, aunque a veces esta cuarteta crezca un verso. Se atribuye a Málaga la cuna de este cante y, junto a los de esta ciudad, los de Córdoba y Lucena, influenciados por las salmodias árabes, forman el triángulo perfecto de lo que en su día fue uno de los grandes palos del jondo. Dicen los andaluces de buen oído que les basta el texto de un fandango para saber si viene de la sierra, el lagar o la campiña.

Te quiero más que han
«querío»
y más que puedan querer
todos los hombres «nacíos»
y los que van a nacer.

Tienes por «toíto» el pueblo,
«repartío» tu querer,
doña Siete y doña Ocho,
doña Nueve y doña Diez.

(...) Eres la nata del agua,
y eres la espuma del río,
jardín llenito de flores,
y almendro del huerto mío,
María de los Dolores.

A los racimos de uva
se parece tu querer:
la frescura viene antes;
la borrachera, después.

— Fandanguillos: Nacen en Huelva. Hay fandanguillos de otras muchas zonas de Andalucía, pero el fandanguillo por antonomasia nace y vive en los pueblos de la sierra de Andévalo cercanos a la frontera portuguesa. Tienen el sabor de la Sierra Morena. Se trata de una zona dominada por la presencia de las minas de oro, de hierro y de cobre. Todos los pueblos de la comarca tienen, por ende, su fandanguillo particular nacido bajo el influjo de la oscuridad de la mina. Pero no es un cante de misterio, ni de angustia o presentimiento. Se canta a pecho abierto, con la cara alta. Asegura Manfredi que este cante nada tiene que ver con los de Morón-Jerez-Ronda. El fandanguillo admite el coro en su último tercio. Veamos un popular fandanguillo de Huelva:

El fandanguillo de Huelva
una mujer lo inventó;
como cosa de mujeres,
el fandanguillo gustó.

— Farruca: Se dice que este cante tiene su origen en Asturias y que, una vez llegado a Andalucía, se mezcló para convertirse en una manifestación folclórica mestiza. Hoy, la farruca se define como un tango de Cádiz, con las mismas características en tono y movimientos de aquél. Se canta principalmente en los puertos del litoral gaditano, circunstancia que explicaría ese posible origen asturiano, dado que desde estos puertos del sur peninsular se partía hacia las tierras americanas y es posible que muchos de aquellos emigrantes dejaran, en sus largas esperas, sus cantos regionales, que irían a mezclarse con los propios de Cádiz.

— Garrotín: José Carlos de Luna llamó a este cante «engendro desafortunado de pravianas y gallegadas», por las mismas razones apuntadas para la farruca. Una exageración, a juicio de Manfredi, quien advierte que todos los folclores del mundo tienen un mucho de contagio de otras culturas, «ya que el hombre cuando se desplaza no sólo lleva su tienda de campaña, su caballo o sus recuerdos, sino también sus cantes». En fin, es el garrotín un cante de origen asturiano. Se canta y se baila, y tiene la particularidad de que el bailaor se acompaña sólo con los chasquidos de los dedos al tiempo que entona un cante que lleva el compás. Es un cante-baile alegre, de fiesta, de ahí que el intérprete suela acometerlo con ocasión de algún festejo.

— Granadina: Desciende del fandango; se dice que es en realidad un fandango propiamente dicho, al igual que su antecedente inmediato, la malagueña. La diferencia está en que la granadina está repleta de filigranas arabescas. Para algunos flamencólogos, este cante procede de los llamados cantes del Levante. Es el que más se parece a los cantos musulmanes, por ejemplo, en los melismas (repetición de las primeras sílabas, como hemos visto).

— Guajira: Procede de la isla de Cuba, y es de esos cantes claramente de ida y vuelta. Se alternan un compás de tres por cuatro y otro de seis por ocho; la guajira es también un baile. A su llegada a Andalucía, la guajira se fusionó y acabó saliendo por tangos. Con letras indolentes, dulzonas, pícaras, a los andaluces les gustó tanto que la adoptaron como propia y aprendieron a bailarla mezclando las pausas y el sonido propios del Caribe con los del tango de Cádiz.

Eres la reina del mar,
la reina de las fragatas,
la que de Cuba me come y me mata
de Cuba a Puerto Real...
Eres un barco de oro,
barquito de plata fina,
lucero que a mí me alumbra,
salero de las salinas
de mi tierra y de la tuya...

¡Toma!
Zapatos de goma...
¡Toma!
«pa» que te los pongas...
¡Toma!
que te está mirando
tu prima, la tía Jeroma...

— Jabera: Canción andaluza que mantiene un compás de tres por ocho, con una introducción instrumental parecida a la malagueña y una copla de fandango, de donde arranca su origen, con cuatro versos y treinta y dos sílabas. Actualmente muy en desuso, en su comienzo fue un cante de sementera, es decir, de campesinos. El hecho de que se haya perdido no lo coloca entre los cantes difíciles, sino más bien, para su desgracia, entre los cantes que no merecieron el distingo de ser llevados a los tablaos cuando, a finales del pasado siglo, hubo que elegir entre aquellos que gozaban de mejor prestigio. La jabera es algo así como una pariente pobre del fandango. Pero es un gran fandango si se sabe cantar.

— Jaleo: Es una modalidad de cante gaditano, cantable y bailable, en compás de tres por ocho. Lo interpreta una sola persona, que se acompaña de castañuelas y cuyos movimientos rítmicos son suaves, moderados y majestuosos. Está considerado como uno de los bailes más antiguos de Cádiz, y, desde luego, hermano mayor del baile por alegrías. El cantaor acompaña y marca el ritmo del bailaor, y el compás, hasta que aquél, *in crescendo*, reboza en una traca de taconeos y filigranas que estallan en la retina de quien lo presencia. Todo un espectáculo.

Vivan los cuerpos serranos
que se saben jalear...

Viva la novia y el novio,
y el cura que los casó,
el padrino y la madrina,
y los «convidaos», y yo...

— Liviana: Emparentada con la toná de la fragua, este cante es propiamente gitano. Es más suave que la toná en su ejecución, porque no tiene el ritmo del martillo de la fragua golpeando sobre el yunque. He aquí la principal diferencia entre una toná y una liviana. Las letras pueden servir para una o para otra; la cuestión diferencial está en el ritmo.

— Macho: Como ya se ha dicho, el macho es una especie de estribillo del cante jondo; por lo tanto, no es un cante propiamente dicho. Lo tienen la caña, el polo, el medio polo y la seguirilla gitana. Es algo así como un santo y seña que distingue a los cantes llamados grandes de los que no lo son. Y esa diferencia la pone el cantaor, quien, si sabe cantar una caña o un polo o una seguirilla, se descarga con alardes de facultades supletorias en el cante. Eso es el macho. Manfredi lo explica soberanamente: «En una copla se puede decir lo que se quiera, pena, alegría, dolor, celo, rabia...; el macho es el que pondrá la rúbrica, como el garabato del notario que diera fe de la legitimidad de los títulos y pergaminos de un cante bien acompañado».

— Malagueña: Está en la categoría de los cantes grandes del jondo. Es de cuatro versos octosílabos y su acompañamiento comienza y termina con la dominante del modo menor. Este cante se expandió hacia el Levante, donde adquirió su verdadera carta de naturaleza y dio origen, posteriormente, a las tarantas, serranas y cartageneras. Es un canto de litoral, de marineros, de pescadores, de ahí la tremenda fuerza y arraigo que adquirió en Portugal, donde se canta una malagueña que no necesita traducción:

Hespanhol p'ra malagenha,
portuguez p'ro lindo fado;
Náo ha, nem póde haver
canto a estes comparado.

Pero en algún momento la malagueña deja las playas y las cubiertas de los barcos y se mete tierra adentro. En ese momento deja de llamarse malagueña y será conocida como rondeña u otro nombre similar en función de la comarca por donde se adentra. Tiene la malagueña tintes de seguirilla, de caña y de soleares, pero no se parece a ninguno de estos cantes. Es una copla femenina y desgarrada. Manuel Machado escribió coplas de malagueña que publicó junto con coplas para soleares o seguirillas gitanas, lo cual demuestra el enorme respeto que el poeta sentía por este cante y la alta consideración que le tenía como cante jondo. La que sigue es una copla malagueña de Manuel Machado:

Los siete sabios de Grecia
no saben lo que yo sé...
Las fatiguitas y el tiempo
me lo hicieron aprender.

Las penas que tú me das
son penas, y no son penas;
que tienen cositas malas,
y tienen cositas buenas.

¡Ay, «Maresita» del Carmen,
qué pena tan grande es
estar juntito del agua
y no poderla beber!

En los diminutivos —fatiguitas, cositas, maresita, juntito...— es donde radica el secreto de este cante jondo. Un secreto, para muchos, indescifrable.

— Mariana: No está muy claro el origen o parentesco de este cante. En su arquitectura tiene aires de fandango. Su copla es de cuatro versos octosílabos y la letra tiende al aleccionamiento moral, de sabiduría, de experiencia y/o de buen vivir. Pocos autores, con la excepción del citado Manfredi, se han ocupado de este cante por no considerarlo merecedor de integrar la nómina de lo jondo.

— Martinete: Cante atribuido a los herreros gitanos. De enorme profundidad en su letra, que casi siempre habla de la situación política y social de este pueblo y de las persecuciones a que eran sometidos por parte de las autoridades. Se dice que los herreros gitanos de la fragua salían cantando un palo por deblas que acabó siendo el martinete. Lleno de nostalgias y de pasiones. No necesita acompañamiento de guitarra, ni de palmas, ni de tacones. Le basta con los ruidos de la fragua del gitano: el martillo y el yunque. Por eso, casi siempre que se interpreta un martinete, el escenario clásico es la fragua del gitano acompañado de su familia que va sumándose al cante, alternándose en los tercios y llevando el hilo argumental de la copla, que, como decimos, suele ser la historia de una desventura, la razón de una condena o la esperanza de una redención. El martinete puede ser también «redoblado», es decir, más largo, más florido, más trabajado. En su «salida» recuerda a la caña y tiene, como ella, su macho, precedido, eso sí, de una frase que sirve de alerta o llamada. Su ritmo es monocorde y triste, y la copla, de cuatro versos octosílabos, incluye gran variedad de modismos propios del habla gitana.

Entre la Hostia y el «Cali»,
a mi Dios se lo pedí,
que no te «ajoguen» las fatigas
como me «ajogan» a mí.

Las piedras son, y se chocan
en la corriente del río,
pídele a Dios no encontrarte
algún día en mi camino.

El martinete requiere unas grandes dotes físicas para acometer todos los tercios y, además, por tratarse de un cante jondo gitano, para su buena interpretación han de ponerse buenas dosis de misterio y hondura, de tal manera que un martinete bien cantado está a la altura, si no más, de una caña o un polo.

— Media granadina: Hermana menor de la granadina. Diluida, por tanto, entre los cantes del Levante. No todos la incluyen dentro de los cantes grandes. Su copla es de cuatro versos octosílabos y, por supuesto, el tema central es Granada, sus campiñas, sus tradiciones, su barrio del Albaicín, su Alhambra, etc. No es cante gitano propiamente dicho, aunque los gitanos lo canten extraordinariamente bien. Si la malagueña es un cante marinero, la media granadina es un fandango morisco repleto de historia de rebeliones, sobre todo en las Alpujarras. Es un cante casi obligado en todas las interpretaciones públicas de los cantaores profesionales.

(...) Ya te tengo «prepará»,
«pa» cuando quieras «vení»,
una cuevecita nueva
«jecha» en el Albaicín.

— Medio polo: Hermano menor del patriarca del cante jondo. La diferencia entre ambos estriba en que el medio polo tiene un macho o tercio de remate, que no es otra cosa que una soleá corta: tres versos, el primero de tres sílabas, y el segundo y tercero octosílabos. El que se llame medio polo se explica, como en los demás casos, porque con el paso del tiempo fueron perdiendo fuerza en la ejecución y aligerándose de dificultades hasta despojarse de gran parte de la dureza matriz. No tiene, en fin, la entrada del polo ni el macho de éste, lo que equivale a decir que no tiene la profundidad de su hermano mayor.

— Milongas: Este cante, como la guajira, tiene su origen en Cuba y en el Río de la Plata (Argentina). Cante criollo que en su viaje de ida y vuelta se llena del aire de la selva, el temperamento y el clima de las tierras americanas, al tiempo que, ya de regreso, asimila gitanería, flamenquería y andalucismo.

— Minera: Como todos los cantes de las minas, es triste y de ritmo lento. Oscuro y duro como las piedras del fondo de la tierra. Se dice que el cante minero representa el límite de expansión del cante jondo hacia el Levante. Tiene solera y raíz de buen cante y son sus coplas de cuatro versos octosílabos. En ocasiones se aleja del cante jondo, pero cuando lo es, suena a cartagenera o a taranta llenas de tanta tristeza que piden silencio y colocan el corazón en un puño.

No se espante usted, señora,
que es un minero quien canta.
Con el «jumo» de las minas
tiene ronca la garganta...

— Mirabrás: El cantaor Pepe Marchena está considerado uno de los mejores intérpretes de mirabrás, y eso que casi nadie reconoce en este cante parentesco con el jondo. Al decir de los estudiosos, el mirabrás no tiene ni aire de seguirilla, ni de soleá, ni de martinete, ni siquiera de serrana, saeta o malagueña; es lo que se llama un cante chico, liviano en el estilo y encuadrable, si acaso, entre las rondeñas o los fandanguillos. Dice Manfredi: «(...) Tengo el presentimiento de que el mirabrás es un cante creado por soldados, por milicianos, por contrabandistas o bandoleros; por gente que iba y venía por Andalucía en los últimos años del siglo XIX y primeros del XX. Es un cante para moverse, no de gente campesina o de pastores, sino de gente que se jugaba la vida a cara o cruz, y quitándosela al vecino, si llegaba el caso, sin más aspavientos que si hubiese descabezado a una gallina. Un cante verdaderamente flamenco».

— Nanas: Es el canto de las mujeres sentadas junto a la cuna de su hijo y cantando una copla...; una suerte de fandanguillo si es de Huelva, una sevillana si es de Sevilla, una malagueña si es de Málaga, o una bulería si es de Cádiz. De donde quiera que sea, se canta siempre bajito, como un susurro, con el ritmo acompasado por el vaivén de la cuna, y creando sobre la marcha coplas que hablan de mundos infantiles. Es un cante dulce, amable, ingenuo y bello, al que a veces no le faltan unas gotas de tristeza o melancolía.

— Palmares: Otro de los cantes olvidados, quizá, como tantos otros, porque hubo de quedarse fuera en los años en que se eligieron aquellos que habrían de subirse a los tablaos. De todos modos, hay coincidencia en calificarlo como cante chico, incluso se cree que nunca estuvo en los escenarios de los cafés cantantes. Es un cante propio de campiña, de llanuras sembradas de trigo o cebada. Cante de gente humilde, de los que cabalgan a lomos de asnos por falta de posibles para otras monturas. Es de esos cantes que hablan casi exclusivamente de amoríos entre jóvenes por casar, de novios que dicen sí o no, y de viñas que crecen con el mimo de su cuidador como si fuera la niña de sus ojos.

Tú eres una veleta
y tu «maresita» el viento,
que sois un par de mujeres
faltas de conocimiento.

Tuve un pájaro en la mano
y se me escapó un buen día;
si lo tuviera otra vez,
nunca se me escaparía.

— Peteneras: La copla da fe de que este cante lo inventó una mujer:

La Petenera se ha muerto,
y la llevan a enterrar,
y en el panteón no cabe
la gente que va detrás...

Reza que nació esta mujer en un pueblecito de Cádiz, Paterna de la Rivera, y que a los duendes que ya tenía dentro se le unieron otros duendes provinientes de unos cantes de moda por aquellos tiempos, el punto de La Habana y el paño moruno. El resultado fue un cante nuevo y original que en nada se parecía a sus antecesores, que rebosaba sentimientos y que llegó a tener tanta fama y éxito que se colocó por derecho propio entre los grandes del cante jondo. Se dice que la petenera es un cante de mal fario (mala fortuna, que barrunta desgracia), quizá por la copla reseñada que da cuenta del fallecimiento de su creadora.

Tiene su copla cuatro versos octosílabos; lo que equivale a decir que todas las coplas de fandangos podrían cantarse por peteneras, y sus letras fundamentales son parecidas a las soleares.

Una vez quise dejarte
y se me quitó el «sentío»,
que no es posible olvidarte
después de haberte «querío».

Un hijo le pegó a un padre,
y Dios le mandó el castigo,
que al poco tiempo fue padre,
y le pegaron sus hijos.

— Policaña: Cante intermedio entre caña y martinete, según Manfredi, quien sitúa su origen en las familias gitanas trashumantes que dejaron de serlo para asentarse en los pueblos o en sus alrededores. Este cante sería, así, un vehículo de expresión para aquellas familias que comenzaban a asimilar costumbres payas, a la vez que imprimían su propio sello de identidad. Tiene su copla cuatro versos de ocho sílabas.

— Polo: Es, junto a la caña, pilar fundamental del cante jondo. Entre ambos hay una diferencia fundamental: el polo no tiene tercio de pelea, característico de la caña, pero sí comparten, en cambio, el acompañamiento del macho. La copla del polo es en la práctica igual a la de la caña. Se apoya Manfredi para establecer esta relación en lo que considera «las fibras más hondas del cante jondo», y dice: «Mi intuición me lleva a concluir que la caña es el cante jondo del polo, y el polo la caña que se asoma por primera vez a la calle».

Me preguntan si te quiero,
y las fatigas me «ajogan»...
Yo te estoy queriendo a ti
como a mi misma persona...

— Roás: Cante gitano. Un grupo de hombres y mujeres dispuestos en una rueda celebran un ritual milenario de resonancias religiosas. La rueda se pone en movimiento siguiendo el ritmo de los panderos y del cante; las bailaoras suben y bajan las manos con majestuosidad, mueven los pies en pasos cortos, taconeando con suavidad; de cuando en cuando, un quiebro del cantaor provoca una genuflexión en las bailaoras; cuando llega el momento, hombres y mujeres cantan a coro, ellas sin dejar de bailar y ellos sin dejar de tocar los panderos. Esta intimísima fiesta, que los gitanos ocultan a los extraños siempre que pueden, es lo que se conoce como roás. Su origen está en el Oriente, y su ritmo, su movimiento, el misterio, todo confirma que se trata de un cante y baile que en otro tiempo debió de constituir una ceremonia religiosa, mágica, de diálogos telúricos y magmáticos. Las coplas milenarias no se conservan, aunque algunos gitanos aseguran que algunas partes de las letras actuales hunden sus raíces en el tiempo. Pero lo frecuente hoy día es que la letra no tenga ningún misterio o, al menos, no tanto como la ejecución del ritual, que sigue sorprendiendo a quien tiene el privilegio de presenciarlo.

— Rondeñas: Se trata de un fandango de los grandes con cuatro versos y treinta y dos sílabas adaptado a los campos de Ronda. Es, para más precisión, una malagueña cantada en Ronda.

Las rondeñas malagueñas
cántamelas, primo mío,
que al son de las malagueñas
me voy quedando «dormío».

Al dejar las costas e introducirse en las sierras, las malagueñas fueron transformándose, pero guardando siempre el mismo distintivo. Es el cante de Ronda un cante propiamente de macho (estribillo), sin tercios apenados ni coplas dulzonas; está hecho desde las alturas, desde lugares que permiten a quienes lo cantan mirar y asomarse al mundo. El mar y la playa dan al hombre un sentido de la distancia, eso es la malagueña, pero el hombre de la sierra, que ve en el mar todos los caminos posibles, vuelve esa malagueña un cante sin grilletes ni penas. Un cante lleno de propósitos. Eso es la rondeña:

Rondeña vienes cantando,
sobre la cama me siento,
porque, en oyendo rondeñas,
se me alegra el pensamiento.

— Saeta: Es, para decirlo pronto, una conversación con alguna deidad a través del cante. Al menos es lo que hoy vemos en las procesiones de la Semana Santa andaluza. Es posible, no obstante, que su origen resulte más pagano, más enraizado con el mistérico mundo gitano, o con las desgracias vividas por éstos, lo que convertiría a la saeta en un cante de lamento y maldiciones dichas bajito, plegarias a un Dios impreciso que escuche lo que nadie quiere oír. Con todo, hoy la saeta representa una variante sacra, religiosa, del cante jondo. Se canta en la práctica totalidad de las regiones españolas. La seguirilla gitana se hizo saeta con mayor abundancia de melismas en ésta que en aquélla. Pese a ser la seguirilla la matriz, con el tiempo la saeta fue adoptando otras modulaciones. Hoy se cantan saetas por fandangos, por martinetes, por seguirillas, o las llamadas de Arcos de las monjas de Utrera. Su copla es por lo común una cuarteta octosílaba, pero a veces adopta otras variaciones métricas, sobre todo si quien la canta es un profesional obligado a renovar su repertorio, cosa comprensible, y acude a los cantes populares para sacar materiales y realizar adaptaciones. Cosa distinta es cuando una voz, escondida tras los visillos de una ventana, se descuelga al paso de la imagen religiosa de Semana Santa con una saeta conservada como si fuese una joya.

— Seguirilla gitana: Ya quedó dicho que Manuel Machado dijo que la seguirilla era «la quintaesencia de un poema dramático».

Cuando yo me muera,
mira que te encargo
que con la cinta de tu pelo
*   negro*
me amarren las manos...

La seguirilla gitana consta de cuatro versos asonantes, de seis sílabas, menos el tercero, que tiene once y ha de estar construido de forma que el centro tenga lo que los cantaores llaman «la caía», una cadencia especial en la quinta sílaba;

¡Maresita mía,
qué «güena» gitana...!
De un «peasito» de pan que
*   tenía*
la «mitá» me daba.

— Serrana: La copla de este cante tiene cuatro versos rimados alternativamente con siete sílabas el primero y el tercero, y cinco el segundo y el cuarto, como un estribillo o macho. La serrana completa su copla con otros tres versos, rimados el primero con el tercero, ambos de cinco sílabas, y quedando libre el segundo, que tiene siete. El macho de este cante resume todo el sentido de la copla y representa algo así como la moraleja o confirmación de la idea que transmite el cantaor. Se dice de la serrana que es una caña emancipada de la vida diaria y que vive libre en la sierra. Pero su temario es variado al igual que su compás, que puede modificarse según los intérpretes y la época, aunque siempre conserva los tercios fundamentales que la distinguen.

Escondida en su concha
vive la perla,
y al fondo de los mares
bajan por ella...
No olvides nunca,
que lo que mucho vale
mucho se busca...

— Soleá: Estamos ante un cante que muchos autores consideran «la madre de todos los cantes». Cante sobrio y hermoso cuya copla clásica consta de tres versos octosílabos, aunque las hay de cuatro versos, llamadas «apola» o «de cambio», y de versos de ocho sílabas con un primero de cuatro. Casi siempre que se menta esta copla se hace en plural, quizá porque, como sugiere Manfredi, «sea éste un cante múltiple que en cada comarca o cada cantaor adquiere matices distintos». La guitarra juega un papel importantísimo en la soleá, entre tercio y tercio, adquiriendo un protagonismo difícil de encontrar en otros cantes. Las falsetas por soleares de una buena guitarra resultan de una dificultad tal que muchos músicos empeñados en llevarla a un pentagrama han tenido que desistir. Se trata, por tanto, de un cante extraordinariamente flexible, capaz, sin abandonar su ritmo, de pasar de la grandeza de la caña o el polo a la alegría de un cante de Cádiz.

Yo metí a la lotería,
y me ha «tocao» tu persona,
que era lo que yo quería.
Te «vi» a «decí» adónde fuí:
a «contá», de puerta en
*   puerta,*
cositas buenas de ti.

Sin duda, muchas de las letras de este cante son auténticos poemas, como lo demuestra el hecho de que ilustres poetas dedicaran su tiempo, y su talento, a componer letras por soleares. Manuel Machado ha dicho de las soleares cosas como ésta:

Reina de los cantares.
Madre del canto popular.
Llora tu son,
copla sin par.

Recordemos una soleá que ya hemos mencionado al hablar del valor político de la copla y que ahora traemos como muestra de la belleza sintáctica y el valor semántico:

Tu calle ya no es tu calle,
que es una calle cualquiera,
camino de cualquier parte.

El querer que me mostrabas
era polvito y arena
que el aire se lo llevaba.

Le dijo el tiempo al querer:
esa soberbia que tienes
yo te la castigaré.

Merecía esta serrana
que la fundieran de nuevo,
como funden las campanas.

No siento en el mundo más
que tener tan mal «sonío»,
siendo de tan buen metal.

Voy como si fuera preso:
detrás camina mi sombra;
delante, mi pensamiento.

— Soleariya: Es una soleá, pero con el primer verso corto reducido a cuatro sílabas. En la práctica, la soleariya consta de dos versos octosílabos, ya que el primero sirve como apoyo para que se arranque el cantaor y tome fuerza para cantar los dos siguientes, que son los que tienen la fuerza de este cante. Por lo demás, el temario, los tercios, el compás coinciden en todo con la soleá, aunque se trate de un cante más liviano, probablemente porque algunos cantaores encontraron serias dificultades para ejecutar la soleá y optaron, en algún momento, por aligerarla. Pero con todos sus aligeramientos, la soleariya sigue siendo un cante grande, uno de los verdaderamente jondos.

Por tu vera,
paso de noche y de día,
buscando mi compañera.

Tu «queré»
es como el oro del moro
y el salero del inglés.

Lo gitano
va en la masa de la sangre
y en las rayas de las manos.

— Tango: Propio de Cádiz y hecho para acompañar el baile. Flexible, alegre y jacarandoso, el tango es un cante para bailar, aunque parezca una contradicción. La letra de la copla la completa un estribillo que siempre añade un pellizco más, si cabe, de gracia al resto. Un cante optimista donde los haya.

¡Con el ay, caray, caray!
¡«Mirusté» qué fiestas
va a haber en «Cái»!
Luego, que «jambre»
se va a «pasá»...
¡Ay, caray, caray, cará...!

— Tarantas: Al igual que la cartagenera, la taranta es un cante minero y de Levante. Angustia, presentimientos y tristezas son los ingredientes principales de sus letras. La copla es siempre una lamentación, una amenaza, una desgracia, deshonra y/o muerte. No podía ser de otra forma, tratándose del cante de unos hombres que instalaban sus vidas en las bocaminas, con los pulmones reventados de polvo mortal y el alma envejecida de soledad y desamparo. Es cante andaluz, pero se resisten algunos estudiosos a incluirlo entre el cante jondo, mientras que otros lo señalan como auténtico heredero de los cantos sefarditas. Coinciden, no obstante, en calificarlo como un cante lleno de misterio.

— Temporera: Cante descendiente de la serrana que mezcla algo de fandango, con la particularidad de que lo cantan varias personas interviniendo cada una de ellas en uno de los versos de la copla. Uno inicia el cante, y el segundo dice: «¡Voy!», para avisar al resto de que es el siguiente en entrar, y así sucesivamente, hasta que quien inició la copla grita: «¡Fuera!», lo cual quiere decir que se dispone a cantar la última copla dando por finalizado el cante. Para José Carlos de Luna las temporeras son un cante intermedio entre las trilleras y las caleseras; para Domingo Manfredi son la misma cosa, «pero adaptada la temporera al ritmo del compás de la yunta de los mulos arando».

En la actualidad es un cante casi desaparecido, a no ser que en algunos de los pueblos cordobeses que van desde Cabra hasta Rute, pasando por Baena, Montilla, Lucena, Priego, Puente Genil, etc., encuentre el lector a un viejo cantaor que conserve alguna copla temporera.

— Tientos: Tiento es ensayar, pulsar, calibrar, tantear. Es el juego o ensayo que hace el tocaor de guitarra antes de arrancarse definitivamente, o el tanteo que realiza un cantaor previamente al cante mismo. Pues de todo este ensayo o tanteo surgió, a finales del siglo XVIII, un baile que llegó a hacerse muy popular; al baile le salió un cante de acompañamiento y este cante se llamó tientos, en plural. No es cante jondo, sino andaluz, de la Andalucía baja, de Cádiz y de Los Puertos. Se dice que en su origen fue un cante gitano que luego terminó fusionándose con el folclore de esta zona.

— Tirana: Pese a tener nombre tan despiadado, la tirana está en el árbol genealógico de las más dulces coplas: las malagueñas. Tiene un aire lento y el ritmo sincopado. La tirana también es un baile, y de hecho, cuando surge, lo hace para acompañamiento de su hermana mayor la malagueña.

— Toná: Cante de fragua y gitano. Es una seguirilla gitana, pero sin el tercio de entrada. Así, para un oído no experimentado, la diferencia entre una copla y otra sería ninguna. La toná no tiene acompañamiento de guitarra, se deja llevar por el ritmo del martillo que machaca sin prisa el hierro caliente y blando, de ahí su ritmo cadencioso que prepara el ambiente para el gran misterio del cante jondo. Aunque al principio nace para acompañar al baile, fue ganando su propio terreno y adueñándose de los melismas propios de la seguirilla gitana y de los martinetes. Terminó por abandonar a los bailaores y bailaoras y se metió en la fragua para fundirse con su propio hierro al rojo vivo hasta quedar convertida en una de las más hermosas joyas del cante.

— Trillera: Directamente emparentado con la calesera. La copla es una seguidilla de cuatro versos, y la medida de los versos, como los tercios del cante, se repite de dos en dos, con un ligero cambio al final del cuarto verso. El tema de las letras, como no podía ser de otra forma, ya que se trata de un cante de mozos de campo, versa sobre yeguas, pájaros, muchachas y primaveras y veranos. Es un cante alegre muy cantado en las campiñas sevillanas.

— Vidalita: Cante popular argentino de temario amoroso; casi siempre de carácter triste y plagado de desengaños y traiciones. Los cantaores de flamenco adoptaron la vidalita como propia y le dieron su toque de aceite y vinagre tal vez para adaptar la peculiar manera de cantar las desgracias de los argentinos a las suyas propias. Tiene este cante algún parentesco con la soleá, de donde tomó, probablemente, la fuerza de los quejíos y la embriaguez de los tercios.

V. LAS FAMILIAS

Situémonos a partir de ahora en la inmediatez de nuestros días; en la historia que del flamenco escriben los hombres y mujeres que en este final de siglo siguen subiendo a los tablaos y manteniendo encendida la antorcha de aquellos primeros profesionales que hicieron de su legado histórico y de sus tragedias colectivas un medio para ganarse la vida, aunque con ello, según la opinión de algunos, sentaran también las bases del principio del fin del más puro flamenco. Por fortuna, hay opiniones para todos los gustos y, hoy día, sólo la fracción más ortodoxa del purismo flamenco discute la veracidad, la autenticidad de los actuales «grandes» del cante y del baile. Vayamos, pues, a los nombres propios del flamenco de esta última recta del siglo XX.

Tal y como hemos visto, el cante jondo no se estudia, se transmite. No existen ni academias ni escuelas ni cursillos acelerados capaces de enseñar a decir con el alma lo que el alma no siente. Si aceptamos este punto de partida, se impone casi la obligación de volver la mirada sobre los nombres propios del flamenco que más suena, y preguntarse sobre el quién es quién de esta nómina tan ancestral y tan dinámica a un tiempo.

Cinco familias mantienen en la actualidad la tradición y la herencia del flamenco: los Porrina, los Sordera, los Habichuela, los Montoyita y los Caracol. Ellas se encargan de transmitirlo de padres a hijos, de generación en generación, y lucen con orgullo, y no sin cierto aire aristocrático, títulos y escudos de rancio abolengo gitano.

A estas cinco familias van a parar los más altos cachés del mercado flamenco; hay quien afirma que incluso los más altos de todo el panorama musical español; y tienen hasta títulos nobiliarios con que engrandecer sus remotos orígenes desposeídos: Camarón, el más grande de los príncipes gitanos, hoy desaparecido, perteneciente al clan de los Sordera; o Porrina de Badajoz, también conocido como el marqués de Porrina desde que en un combate singular venciera en ingenio al marqués de Villaverde.

Hablar de estas cinco familias es hablar de todo el pueblo calé (gitano); detrás de cada una de ellas se entremezclan, cruzan o separan un complejísimo mundo de apellidos que han dado vida a los más grandes tocaores, bailaores y cantaores. Y lo mismo están en un tablao, que en el escenario de una plaza de toros, que en un disco compacto.

Los Porrina

Ana y Porrina son las raíces de un árbol que ha dado ramas gloriosas al mundo flamenco. Ella, hoy abuela inmortalizada en un viejo retrato donde aparece tocando por jaleos, es la prueba palpable de que en otro tiempo las mujeres gitanas gozaban del protagonismo de ser tocaoras; después vendrían las conversiones, los asentamientos, las fraguas y el ganarse la vida sin ir de un lado para otro. A las mujeres les tocó, quizá, la peor parte, y entre arañar de aquí y de allí hasta encontrar con qué hacer el puchero, fueron dejando las artes de las cuerdas y reservando las escasas energías para arrancarse en los bailes de una juerga familiar. La abuela Ana supo un día que la suya era una familia con duende, y lo supo porque a sus propias dotes como tocaora se le unieron las de su hijo, José Salazar Molina, más conocido como Porrina de Badajoz.

Este cantaor llegó a convertirse en marqués por una de esas gracias del destino. Cuenta la familia que un día el marqués de Villaverde invitó a Porrina a una fiesta, pero el marqués, que tenía ganas de cachondeo, dio instrucciones a los policías que vigilaban la entrada para que detuvieran al cantaor nada más verle llegar.

El Porrina de Badajoz apareció con sus gafas oscuras y con su elegante atuendo de colorido chillón. Nada más verle, los policías se colocaron en posición de control para impedirle la entrada. Pero hete aquí que el Porrina, cuco y avezado, se dirige a los agentes y les dice: «Perdonen, pero yo soy el marqués de Porrina; el cantaor es ese que está bajando del coche». Porrina de Badajoz entró campante en la fiesta mientras que un conocido embajador era retenido. La anécdota fue tan festejada que el propio marqués de Villaverde regaló un marquesado imaginario a Porrina de Badajoz, enviándole incluso un escudo de armas en el que figuran

sus gafas, un clavel, una porra a modo de as de bastos y el escudo de Badajoz. Desde entonces, el clan de los Porrina luce título nobiliario; de hecho, Porrina de Badajoz firma sus discos con esta rúbrica.

Pero el ingenio de esta familia no acaba en la anécdota, que con ser ilustrativa de la creatividad que llevan en las venas, no abarca toda la grandeza de que son capaces sus miembros, quienes, generación tras generación, han ido superándose. La familia Porrina ha dado cantaores revolucionarios como Ramón el Portugués, compositores de la talla de Juan Antonio Salazar, rumberos de rompe y rasga como Los Chunguitos, estrellas del flamenco-pop como Azúcar Moreno, innovadores como Paquete, miembro de La Barbería del Sur, sin olvidar a los hijos de Porrina: La Negra, cantaora, y el guitarrista Juan Salazar.

Los Porrina son de las pocas familias que con su peculiar manera de entender el arte han ensanchado los límites del flamenco hasta hacerlos coincidir, sin perder pureza, con cualquiera otra manifestación musical.

Los Sordera

Jerez vio nacer a los primeros nombres de esta saga cuya memoria arranca con Paco La Luz. Su sobrino, el Sordo La Luz, es el abuelo de Manuel Soto *Sordera*, y bisabuelo de Vicente y José Soto *Sorderita*.

Del Sordo La Luz hacía una descripción Vicente, su bisnieto, en una entrevista, explicando el origen del apodo familiar: «El Sordo La Luz vivía junto a un paso a nivel. De tanto pasar el tren y de los pitidos se quedó sordo, pero cantaba y bailaba por bulerías como nadie. Mi padre también es duro de oído, pero está divino de la voz. Yo soy Sordera, pero oigo perfectamente».

A esta herencia paterna deben el mote, pero la rama materna tampoco se queda corta. De la madre reciben el tronío de cantaores como El Gloria y sus hermanas Las Pompis. Así pues, no es de extrañar que los Sordera ocupen lugar tan destacado dentro del inventario flamenco. Vicente Sordera ha grabado poemas de Bergamín, los hermanos Machado, Valle-Inclán y Pessoa, entre otros. Vocación ésta de mezclar lo poético con lo flamenco que le ha granjeado fama de gitano intelectualizado.

Pero decíamos unas líneas arriba que el clan de los Sordera tiene ejemplos vivísimos de genio revolucionario del flamenco. Y así es; José Soto es el hijo transgresor del clan, pero es la suya una transgresión plenamente aceptada, no traumática, por el resto de los miembros.

Y si José Soto es un transgresor, el innovador Joselito, antiguo componente del grupo Ketama, ha tomado el testigo hasta colocarse entre los primeros puestos de los músicos con más carisma. El clan de los Sordera se extiende y multiplica con cada uno de sus hijos, y, por si fuera poco, están emparentados con otros de los nombres grandes del flamenco: los Terremoto, los Moraos, los Carrasco, los Parrilla, los Borrico...; y un largo etcétera que implica al mismísimo Camarón de la Isla y hasta al torero Rafael de Paula. De los Sordera puede decirse aquello de que «son hijos de la hermana de la tía de la abuela...»

Los Habichuela

Son el clan de los Carmona. Según se cuenta, al abuelo de los Ketama, es decir, a José Carmona Fernández, le gustaban mucho las habichuelas. De pequeño no paraba de pedírselas a su madre con tanta insistencia que le valió el apodo de El Habichuela, apelativo que, por efecto de rebote, terminó recayendo sobre el resto de los familiares. El punto fuerte de este clan es la guitarra, que empezó a sonar con personalidad propia desde los tiempos en que el abuelo Ico, patriarca de este clan, se dedicara a ir de fiestas en reuniones con su hija Marina y la guitarra, ella cantando y él desgranando las peculiares notas que arrancaba de su instrumento. La fama de los Habichuela empezó a crecer hasta que, cuatro generaciones después, ha llegado a ocupar lugar de honor entre los mejores tocaores de flamenco. Los Habichuela están considerados guitarristas fundamentales del cante jondo, y los más jóvenes figuran entre la vanguardia de pro del llamado Nuevo Flamenco.

Audacia y mestizaje definen a los últimos bastiones de este clan, como lo demuestran los componentes del grupo Ketama, Juan, Antonio y José Miguel, que decidieron no adoptar el apelativo familiar aunque se reconocen con orgullo integrantes de la saga. A los Habichuelas pertenece también Pepe Luis, hasta hace poco tiempo integrante del grupo La Barbería del Sur, y Pepe Habichuela, conocidísimo tocaor que acompaña habitualmente, junto con sus hermanos Juan, Luis y Carlos, a Enrique Morente. Todos ellos se reafirman cada vez que pueden como «auténticos músicos de flamenco», hasta el punto de que en alguna ocasión los Ketama han llegado a decir que «si les tocara la lotería lo primero que harían sería grabar un disco de flamenco».

A sus magníficas dotes artísticas, estos nuevos flamencos

unen una particular belleza étnica que en el ambiente les ha valido el calificativo de *gitan-lovers*. Pero ellos a lo suyo, a tocar y a cantar, sobre todo en casas donde la autoridad paterna sigue siendo el cordón umbilical que les conecta con las cuerdas del abuelo Ico y la tía Marina. Músicos de los pies a la cabeza que se crecen con cada generación. Al clan de los Habichuela pertenecen:

El abuelo Ico *Habichuela Viejo;* Luisa Carmona Campos; Tía Marina; José Carmona Fernández *Habichuela;* Juan *Habichuela;* Pepe *Habichuela;* Luis *Habichuela* y Carlos *Habichuela,* y José Miguel; Antonio; Juan; Pepe Luis y Carlos, que firman con el apellido Carmona. La saga sigue aumentando y algunos de sus miembros ya empiezan a coquetear con el mundo del celuloide.

Los Montoyita

En esta familia se junta todo: cantaores, bailaores y tocaores. Y todo con excelentes resultados. Al célebre Ramón Montoya, más conocido como El Mago de la Guitarra, hay que atribuirle el nudo embrionario de esta familia. Fue él quien decidió que el guitarrista Antonio Carbonell debía apodarse Montoyita, nombre artístico que fueron heredando las siguientes generaciones, aunque algunos han preferido abrirse camino con el auténtico apellido sanguíneo, Carbonell.

La historia reciente de los Montoyita se escribe en letras de molde junto a los nombres de los más afamados representantes del flamenco. Al lado de Lola Flores, Caracol, Marchena y Ma-

nuel Vallejo, siempre se ha encontrado un Montoyita. Pero este éxito no ha podido solapar el aplastante recuerdo del primo Sabicas, guitarrista de enorme éxito que decidió marcharse a Nueva York, donde su guitarra brilló con resplandores de oro. Un retrato suyo cuelga en la casa de Pepe Montoyita para recordarles, quizá, que la savia del clan bebió de las cuerdas abiertas de aquella guitarra luminosa.

Pero los Montoyita siempre han ido con los tiempos. Tanto, que los mayores éxitos cosechados en las últimas décadas han venido de la mano del mestizaje musical más puro y duro. El bombazo lo dio Antonio Carbonell, que comenzó ganando premios y concursos de flamenco y acabó provocando auténticos delirios pasionales con su garganta profunda y sus letras románticas. Y qué decir de los bríos renovadores que aportaron a la familia el guitarrista Agustín Carbonell, *el Bola,* y El Negri, componente éste de La Barbería del Sur.

Por si fuera insuficiente, al clan de los Montoyita se han unido por lazos matrimoniales nombres importantes del arte flamenco. El cantaor Enrique Morente, casado con Aurora; el desaparecido Ray Heredia, casado con María; la bailaora Manuela Heredia, hija de Farruco; y la doble unión, a través de Miguel Carbonell y El Bola, con la familia de los Porrina. Ahí es ná.

Los Caracol

No hay artista que no hable con devoción y elogio de Manolo Caracol, a quien su propia familia le disculpa los devaneos amorosos que protagonizó a lo largo de su vida, incluido el que se le atribuye con la también desaparecida Lola Flores, quien, según cuentan, le debió todo a Manolo Caracol: «La enseñó a ser artista, a vestirse como artista y a salir a escena como artista». Manolo Caracol y Lola Flores formaron pareja profesional entre los años cuarenta y cincuenta.

El nombre artístico de los Caracol también se originó, como no podía ser de otra forma, en las trastiendas de la vida familiar. Todo empezó en la casa de los Ortega, que así se apellidan, el día que una cazuela de caracoles se derramó por el suelo de la cocina. Aquel incidente iba a ser el sello definitivo para una saga que ha dado nombres ilustres al flamenco.

Manolo Caracol es el último genio, por el momento, de una dinastía que arranca de dos siglos atrás emparentada con una generación de cantaores, bailaores y toreros conocida como Los Gallos. Luisa empezó a acompañar a su padre, Manolo Caracol, como cantaora y siempre que se le ha preguntado por el genio familiar no ha tenido ambages en afirmar que como su padre «no ha habido artista igual en la familia». Ni Manzanita, que goza de enorme respeto como artista, ha logrado superar con sus éxitos la barrera psicológica de Manolo Caracol: «Manzanita, que es un fenómeno, no tiene nada que ver con mi padre», asegura Luisa. «A Manzanita le viene el genio de su abuelo, que ya cantaba por rumbas cuando todo el mundo lo hacía por soleás y seguirillas».

La dinastía de los Caracol se ha ido ampliando con las uniones matrimoniales. Luisa se casó con el pianista Arturo Pavón, unión que hizo posible juntar a dos de las familias más ilustres del cante jondo. El rastro de los Pavón aporta al clan de los Caracol nombres como la Niña de los Peines y sus hermanos Tomás y Arturo Pavón.

VI. NUEVO FLAMENCO: EL MESTIZAJE MÁS PURO

Los más jóvenes de estas familias han demostrado a lo largo de la última década no sólo que es posible abrir el flamenco a otras músicas, sino que incluso puede engrandecerse hasta límites insospechados. El Nuevo Flamenco tiene un padre español, lo parió la compañía discográfica Nuevos Medios, y un padrino anglosajón, la prensa inglesa, que cayó rendida ante la aplastante magia de unos músicos extrañamente flamencos.

Los grupos Ketama y Pata Negra rompieron el hielo entre los años 1985 y 1991, período en que se grabaron los tres primeros elepés de cada uno de estos grupos. Pero mucho antes de la aparición de estos Nuevos Flamencos, el panorama musical español había asistido sin saberlo a un nuevo parto, bastante doloroso para algunos, en la trayectoria del flamenco. Coincidiendo en el tiempo con la muerte de Franco, un año antes para ser exactos, dos jóvenes y modernísimas gitanas recorrían los escenarios de media España y copaban los programas musicales de mayor audiencia de la televisón con un puñado de canciones que iban a a cambiar el rumbo del flamenco.

Las Grecas ocuparon el primer puesto de las listas de ventas durante cinco semanas seguidas en 1974. El suyo fue un estilo bautizado rápidamente como flamenco-pop; a la gente más joven le gustaba el aire modernizado de aquellas rompedoras gitanas que habían sido capaces no sólo de burlarse de la rigidez mental de buena parte de la gitanería, sino que habían sumado a su música los ingredientes anglosajones necesarios como para hacer de sus canciones una suerte de proclama silenciosa abierta al exterior en una España todavía sumida en la intolerancia.

Lo que se dio en llamar flamenco-pop resultó ser un cajón de sastre adonde fueron a parar músicos tan dispares entre sí como las citadas Grecas, Paco de Lucía, Manolo Sanlúcar o Los Chorbos. El mismo Paco de Lucía ha declarado en alguna ocasión que Las Grecas fueron tan importantes para la música flamenca que el propio Camarón de la Isla «copió de ellas buena parte de su estilo». Manolo Sanlúcar también se coló en las listas de éxitos por las mismas fechas con su archiconocido *Caballo Negro*. Y qué decir de Los Chorbos, de donde saldría tiempo después el aplaudido Manzanita, que dieron en el clavo con la memorable rumba melancólica *Te estoy amando locamente*. Grupos actuales como Ketama, Pata Negra o La Barbería del Sur reconocen influencias de Los Chorbos en sus respectivas músicas.

Pero los rompedores del flamenco no sólo se enfrentaban a la rigidez de una sociedad española que apenas se había iniciado en la transición hacia la democracia; estos aventureros de la copla tuvieron que lidiar con una intolerancia para ellos más cercana y, por tanto, más pesada de llevar: los especialistas del purismo flamenco. Para éstos, las peculiares formas de Las Grecas, con sus pelos rubios teñidos, sus trajes de raso a la moda, y aquella melodía pseudodiscotequera, no era, ¡de ninguna de las maneras!, flamenco.

Resolvían así, de un plumazo, un asunto que les venía grande, mientras se enzarzaban en discusiones bizantinas acerca de si Manolo Sanlúcar era mejor o peor que Paco de Lucía. No quisieron, o no supieron, ver que en aquellos pioneros del mestizaje musical se estaba fraguando una mentalidad abierta, capaz de disfrutar y hacer disfrutar a sectores de la sociedad que hasta entonces habían permanecido ajenos y hasta desdeñosos ante el flamenco. Lo que hoy son Ketama, Pata Negra, Aurora, Azúcar Moreno, Los Chunguitos, Raimundo Amador, y tantos otros, se lo deben en parte al coraje de aquellos grupos de finales de los años setenta que decidieron abrirse al mundo para que el mundo penetrara en ellos.

En el campo de la guitarra flamenca, dos nombres han marcado sendas revoluciones en este siglo: Ramón Montoya, cuya técnica no ha podido ser soslayada por ningún guitarrista posterior, y Paco de Lucía, que incorpora elementos novedosos como los acordes de seis notas y los contratiempos rítmicos. En opinión de José Manuel Gamboa y Pedro Calvo, autores de un extraordinario estudio sobre el Nuevo Flamenco, «el toque de hoy no se entendería sin Paco de Lucía, que amplió el campo armónico entrando en contacto con la música de Brasil y con el jazz. (...) Paco de Lucía no sólo

es importante para la guitarra, sino para todo el flamenco. Hoy nadie en sus cabales se asusta de que el flamenco pueda dialogar con el jazz de Chick Corea o con la música clásica de Manuel de Falla. Este gran hacedor ha arrastrado hacia el flamenco a músicos jazzistas como Jorge Pardo, Carles Benavent o Rubém Dantas; a músicos de formación clásica como Joan Albert Amargós; a estrellas internacionales de la música como John McLaughlin, Carlos Santana, Ravi Shankar, Al Di Meola o Larry Coryell».

Y si esto ocurría en las cuerdas de la guitarra, las otras, las vocales, no iban a quedarse rezagadas. Entre los cantaores que han revolucionado el cante flamenco, dos son los nombres clave: Camarón y Morente. El primero, apodado *el Príncipe*, reventó los acostumbrados oídos del público con un sonido que le nacía de la pasión en carne viva, y el segundo, dejándose llevar por una arrebatadora creación. No hay cantaor actual que no busque en el espejo algún reflejo de estos dos mitos, a quienes les han salido seguidores de altura, si bien todavía no ha despuntado ninguna voz capaz de desbancar a los dos maestros.

Pero, de entre estos dos hombres llamados a ocupar la nómina de los grandes del cante, Camarón iba a ser quien realmente impondría un giro copernicano juntando su voz con las manos de Paco de Lucía. En 1969, el tándem formado por estos dos maestros dio como resultado un disco, el primero de larga duración de Camarón, que entonces contaba dieciocho años, frente a los veintiuno de Paco de Lucía. La pareja iba a hacer saltar por los aires un torrente de pasiones de adeptos y detractores. Los aficionados no terminaban de aceptar las propuestas del dúo, que abría el disco con unos tangos extremeños que en poco tiempo se convertirían en todo un exitazo comercial. Pero en los tablaos, las tabernas y algunas tertulias de reputados profesionales, aquellos dos jóvenes del flamenco empezaron a ser objeto de atención precisamente porque chocaban frontalmente contra la ortodoxia imperante en el género. El primer paso estaba dado.

Entre 1969 y 1977, Camarón de la Isla no para de grabar, y cada disco era una nueva perla musical. Al gaditano de las patillas de hacha se le conocía ya por varios apodos, desde el *Mick Jagger gaditano* hasta el *Príncipe de la Isla*, con el que finalmente se quedaría. Pero la carrera de este genio de la música iba a sufrir un vaivén en 1979, año en que decide alejarse de los circuitos musicales y replegarse en un silencio del que saldría, años más tarde, reconvertida la imagen y también el alma.

Camarón de la Isla reaparece con una nueva obra, mucho más ambiciosa y rompedora, en 1980. Ha cambiado de aspecto, ha acortado el nombre artístico, sólo Camarón, y ya no le acompaña Paco de Lucía, a quien supple otro magnífico guitarrista que le habría de seguir hasta el último de sus días: Tomatito. La década de los ochenta fue sin duda la de mayor gloria de este gitano inigualable. Conciertos, discos a cada cual mejor, triunfos...; la vida de Camarón empieza a convertirse en leyenda. Son los años en que vuelve a grabar en estudio con Paco de Lucía, con quien, por cierto, nunca dejó de mantener una estrechísima amistad llena de mutua admiración y respeto, como el propio De Lucía ha repetido incansablemente. Son también los años en que Camarón se sube al carro de las sustancias químicas que habrían de segarle la vida el 2 de julio de 1992. Camarón ha escrito probablemente las mejores páginas de la historia del cante flamenco junto a Antonio Mairena y Manolo Caracol. Aún hoy sigue sin escucharse una nueva voz capaz de medirse con la del Príncipe gaditano, aunque les duela a los mismos que mientras vivió se afanaban en replicar que Camarón no era más que una copia de éste o de aquél.

La trayectoria del granadino Enrique Morente es bien distinta. Genial cantaor, este músico ha aunado siempre tradición y realidad en un compromiso con la creación que le ha llevado a afirmar que «lo único que pretende ser es Enrique Morente y no el recuerdo inolvidable de otro cantaor ya desaparecido». De Morente puede decirse sin tibiezas que representa el riesgo y la ausencia total de adscripción a tal o cual estilo; y es así por voluntad expresa del cantaor, para quien el flamenco es «algo más que Andalucía», y el cante, trabajo e inspiración que debe apoyarse en la ortodoxia y desarrollarla: «(...) La ortodoxia debe servir para invitar a recorrer nuevas veredas, nuevos caminos, y si esto se hace con sinceridad y honestidad, siempre sirve para ver nuevas experiencias, y los errores, para ver nuevas ventanas», tal como recogen Gamboa y Calvo en su libro.

Por lo que respecta al baile, que siempre ha gozado de mayor fervor popular, también asistirá a una renovación esplendorosa de la mano de dos bailarines y coreógrafos. Antonio Gades y Mario Maya imponen a partir de los años setenta una nueva mirada sobre el baile flamenco, que hasta entonces se cortaba con patrones clásicos y manieristas. La propuesta de ambos combina elementos propios del baile flamenco con el ballet clásico, dotándolos de cierta teatralidad y de un lenguaje coreográfico contemporáneo. La puesta en escena de *Bodas de sangre* supuso la consagración de Antonio Gades y también el espaldarazo necesario para un tropel de nuevos bailaores y bailaoras que, a juzgar por el número de seguidores que irrumpieron de pronto, parecían haber estado esperando a que ocurriera el milagro de ver sobre un escenario nuevos movimientos que pusieran por encima de las manos la fuerza de los pies y el coraje de la cintura. A estos dos hombres hay que añadir el brío y la fuerza de una mujer, Manuela Carrasco, que vendría a rubricar con su movimiento una nueva manera de decirse con el cuerpo.

Décadas de simbiosis

Las últimas tres décadas han resultado especialmente prolíficas en lo que a renovación musical del flamenco se refiere. Casi treinta años marcados por un constante contagio entre músicos decididos a dejarse contaminar por los más variados estilos. La simbiosis del flamenco con otras músicas se ha producido gracias a la voluntad de sus hacedores, que han primado sus necesidades artísticas frente a la intransigencia de los patriarcas del flamenco, quienes, amparándose en una supuesta defensa de la pureza musical, luchan por mantener su lugar prominente frente a unos nuevos esquemas que amenazan con desbancarlos. Aunque también a estos puristas hay que reconocerles la labor de filtro que durante tiempo ha impedido que en el flamenco anidaran engendros musicales de aquí te pillo, aquí te mato.

Jazz, rock y salsa son los tres géneros de los que más han bebido, y siguen bebiendo, los músicos del Nuevo Flamenco. Esta simbiosis ha permitido no sólo a los flamencos adentrarse en otras orillas musicales, sino que ha abierto las puertas a músicos de otros estilos que se han sentido tentados de navegar por un territorio que hasta ayer estaba reservado para los nativos.

Conviene distinguir entonces entre flamencos que hacen pop y jazzistas que hacen flamenco. Así, el espeluznante trabajo de Miles Davis, *Soleá*, es indiscutiblemente flamenco, y algunos discos grabados por flamencos pueden ser cualquier cosa menos aquello. Una acertada y finísima explicación de cómo y por qué se ha producido la fusión del flamenco con otras músicas, nos la ofrecen Gamboa y Calvo:

«Los acordes básicos del flamenco están basados en la escala Mi. Esta escala es la que sustenta a la soleá, la seguirilla, los tangos, los tientos, la caña, el polo, la bulería, la serrana... Existen también otros modos mayores bien conocidos por los folclores occidentales: la jota y el blues. Por algo Pata Negra pudo inventarse la *blueslería* conjugando el blues con la bulería, pero no con cualquier bulería, con la bulería jotera de Diego del Gastor. En el flamenco, un ejemplo muy popular del modo mayor es el "tiriti-tran-tran-tran" de las alegrías gaditanas (...)».

En el último siglo y medio, el flamenco no ha parado de enriquecerse con otras músicas. Melodías, ritmos y armonías de otras latitudes, especialmente americanas, han ido entrando en el flamenco de la mano de artistas reconocidos. Como hemos visto en un capítulo anterior, cantes como la guajira, la rumba, la vidalita, la milonga y la colombiana hicieron su viaje de ida y vuelta para instalarse como «cosa propia» en voces como la de Pepe Marchena. Así, las aventuras que hoy protagonizan los Nuevos Flamencos son, en realidad, una continuación de lo que ya hicieron otros, a quienes, por cierto, también les costó lo suyo ser admitidos como parte integrante y de pleno derecho en la gran familia flamenca.

El nacimiento de lo que se denominó *flamenco fusión* se produjo en la segunda mitad de la década de los 50, cuando músicos de la talla de Miles Davis y Gil Evans se interesan por el flamenco. De este modo, el primer contagio fue con el jazz y venía de Estados Unidos, lo cual no es de extrañar, ya que el terreno estaba suficientemente abonado desde hacía años con la presencia constante de guitarristas como Sabicas y Enrique Montoya, y en los escenarios de Manhattan con los bailaores Antonio y Rosario, que durante temporadas se metieron al público neoyorquino literalmente en los bolsillos. Lo más novedoso, y a la vez más importante para el flamenco, no fue la acogida del público norteamericano, sino de grandes músicos y compositores como Leonard Bernstein quien llegó a decir que «lo único que le interesaba musicalmente de España era el flamenco».

Miles Davis se ha sentido tan fascinado por la música flamenca que buena parte de su producción contiene referencias y contextos musicales inspirados o recreados en ella. Junto a Davis, otros músicos norteamericanos han sentido la llamada del flamenco a través, especialmente, de la guitarra. Y de entre todas las guitarras, la de un Paco de Lucía convertido para muchos músicos de jazz en una especie de malabarista con quien deseaban, como mínimo, estar alguna vez juntos sobre el mismo escenario; ahí están los magníficos conciertos y discos ejecutados al alimón entre Paco de Lucía y Carlos Santana, Paco de Lucía y Al Di Meola, Paco de Lucía y John McLaughlin, o viceversa.

Con ser importante esta nómina de nombres, lo cierto es que el músico que más vehementemente ha defendido la fusión entre flamenco y jazz ha sido Chick Corea (*My Spanish Heart; Spain; Flamenco*), hasta el punto de que Paco de Lucía ha dicho de su música que es el «verdadero nuevo flamenco». Ambos han tocado juntos en varias ocasiones, y el respeto que siente el guitarrista gaditano por el pianista quedó patente en un disco que grabaron juntos en 1990 (*Zyryab*) en el cual Paco de Lucía le dedica un tema, *Chick*.

Puede decirse sin temor a caer en exageraciones que la práctica totalidad de los grandes guitarristas de jazz se han sentido atraídos en algún momento por los sonidos del flamenco, e incluso algunos se han atrevido a acercarse a este género en la práctica; John Hurt, archiconocido *bluesman* de Mississippi, grabó un disco titulado *Spanish Fandango* cuyos sonidos se asemejan bastante a un blues mezclado con guajira. No obstante, otros muchos intentos de músicos extranjeros por hacer flamenco han acabado por sonar a tacos y rancheras. Ocurre que, como dice el propio Paco de Lucía, para hacer coincidir el flamenco con cualquier otra música «no basta con proponérselo; si no se tiene la necesaria amplitud mental, lo único que se produce es una fusión entre músicos, pero no de la música».

Flamenco-pop

La música ligera, lo ye-yé, lo pop, tuvo su entrada triunfal en España de la mano de un grupo sin par: Los Pekenikes y su versión de *Los cuatro muleros*. A los Pekenikes les siguieron pronto otros grupos con semejante factura. Pero quienes se llevaron la palma fueron sin duda Los Brincos, que llegaron a ser comparados, cosas de la España de los sesenta, con los mismísimos Beatles, que en su corta pero aireada estancia en Madrid subieron al escenario de Las Ventas ataviados con un sombrero de ala cordobés. El gesto podría ser quizá el padrinazgo de lo que dio en llamarse flamenco-pop.

Pero no. Los verdaderos pioneros de este género musical fueron Los Brincos, quienes, muy al principio de su vertiginosa carrera, tuvieron la ocurrencia de hacerse llamar Los Fandangos, circunstancia que nunca llegó a producirse por la insistencia de algún *manager* que no encontró muy comercial la denominación de origen. Pero como lo que cuentan son las intenciones de las intenciones, el grupo dejó patente sus fuentes musicales y grabó un primer disco titulado *Flamenco*. Fue un auténtico bombazo.

La música ligera fue para muchos folclóricos la rampa de lanzamiento que no les hubiera llegado de ninguna otra manera. Dispuestos a no perder el carro, se apuntaron a este nuevo ritmo que apenas si exigía unas cuantas piezas de ajuste para hacerlo sonar con cierta dignidad. Y como todos los ritmos caben, la estela del flamenco-pop se extendió por las galaxias del universo musical con estrellas tan resultonas como fugaces: flamenco-calipso; flamenco-cha-cha-chá; flamenco-twist; flamenco-fox-trot; flamenco-mambo; flamenco-bolero; flamenco-cumbia....

Paquito Jerez, Argentina Coral, Perlita de Huelva, Rafael Farina, Enrique Montoya, Bam-bino y un largo etcétera dieron sentido a una nueva fórmula musical que encontró huella española definitiva en la personalísima figura de Encarnita Polo, reina del flamenco-pop donde las hubiera. Pero el nuevo sendero estaba llamado a atraer a gentes de muy diversa índole, y con ellos a nuevas fórmulas musicales entre las que destacó una que pronto sería identificada como rumba flamenca. ¿Qué hubiera sido de grupos como Los Chichos, Los Chorbos, Las Grecas o Los Chunguitos, de no haberse subido al carro del pop que de tan ligero lo admitía todo?

Ellos crearon la rumba flamenca, o rumba ye-yé, y sus temas hicieron furor en las listas de las canciones más vendidas y coreadas de los veranos. La música de Los Chorbos fue conocida como el sonido Caño Roto, en tanto que el grupo Los Payos se colaba en el primer puesto de ventas con canciones como *María Isabel, La Gorda* y *Adiós Angelina;* el panorama era tan variopinto que en aquel torbellino de pistas de grabación comenzaron a escucharse las voces de solistas que han llegado a ocupar puestos importantes en la música flamenca: María Jiménez, Remedios Amaya, Parrita, Manzanita, las Terremoto y hasta el mismísimo Fary.

Las estrellas del flamenco-pop y del flamenco-rock continúan en la actualidad dando en algunos casos buenos resultados musicales. Ahí están las aportaciones de El Último de la Fila, Gipsy Queens, Soledad Bravo, Vainica Doble, Albert Plá, Suburbano, Manzanita y, por qué no, algunas grabaciones del extinto grupo Mecano, que se distinguió por meter las cuerdas en todas partes, y, claro, el flamenco no iba a ser menos.

En resumen, el flamenco-pop no ha sido otra cosa que una

puerta abierta por donde se han colado lo mismo grandes voces e intérpretes que gigantescas horteradas en busca del pelotazo. Cosas de las leyes que rigen el mercado.

De capital importancia

Desde que el grupo Ketama cantara aquello de *Vente pa Madrid,* los flamencólogos afincados en Andalucía no han cejado en su intento de restarle importancia al Foro en el parentesco con este nuevo cuño musical llamado Nuevos Flamencos. Pero el papel catalizador de Madrid estaba ya sentenciado desde hacía mucho tiempo, desde que, como hemos visto, los cafés cantantes decidieron trasladar, allá por el siglo XIX, sus tablaos hasta el mismo corazón de la capital del reino. Guste o no, Madrid ha sido tan importante en la trayectoria musical del Flamenco con mayúsculas, que figuras como el cantaor Enrique Morente no se arrugan a la hora de reconocer que si se quiere aprender y ser un profesional de esta música, hay que acudir a Madrid.

Lo ha dicho de otra forma, pero la idea es ésta. Como también es ésta la idea de los componentes de grupos como Pata Negra y Ketama, o de solistas como Aurora, Carmen Amaya o Rosario. La queja profunda que se cierne sobre Madrid cada vez que se menta su participación en eventos culturales, artísticos, creativos, deja un sabor amargo que difícilmente permite distinguir lo que de positivo pueda tener ese «centralismo» catalizador de la gran urbe española. Es verdad que desde que, en los primeros años de la década de los ochenta, un grupo de adeptos a

la *movida* reutilizó la frase «De Madrid al cielo», algunas autonomías, que apenas si empezaban a dar sus primeros gateos, se vieron nuevamente relegadas a un segundo plano. Madrid volvía a colocarse en el timón y puente de mando que habría de catapultarla a la cima de todo cuanto ocurría en este país, que por entonces se afanaba en construir una escalera hacia Europa.

Pero sería injusto no reconocer abiertamente que en todo aquel enjuague de oportunidades y oportunismos conviviendo en un mismo escenario, Madrid fue para muchos la oportunidad de empezar a ser lo que luego ha sido. Más claro: en esta ciudad centralizadora lo cierto es que nunca se le negó la entrada a nadie, y quienes aprovecharon el momento nunca se han quejado, vinieran de donde vinieran, de que hubiera sido ésta y no otra la ciudad española del trampolín.

Pero vayamos más atrás. Según estudiosos del flamenco, la actividad musical de este género en la villa y corte se remonta al primer tercio del siglo XIX. Antes de que finalizara el pasado siglo, Madrid contaba con una nómina de cantaores, bailaores y tocaores que han creado escuela dentro y fuera de la capital: El Tuertecillo, La Chata Mercedes, El Mimi...

Por el Madrid de aquellos años pasaron las más importantes figuras de este arte; desde Paco el Sevillano hasta la Macarrona, pasando por El Lebrijano, El Canario, María Borrico, El Perote y Paco el Barbero, entre tantos otros. Los cafés y los tablaos prosperaban de tal modo que llegaron a contarse más de cincuenta cafés cantantes. En estos escenarios se fraguaron el tronío y la fama de cantaoras como Aurora Pavón, La Niña de los Peines, y también fueron estos escenarios los que alumbraron la magistral guitarra de Ramón Montoya. Fue a principios de este siglo cuando se inauguraron locales emblemáticos para el cante flamenco.

En 1907 se abre el colmao flamenco *Los Gabrieles*, en la calle de Echegaray, muy cerca del Teatro Español, en la plaza de Santa Ana. Fue justamente esta céntrica plaza madrileña la que dio cobijo a otro de los templos del flamenco de principios de siglo: el *Villa Rosa*. En ambos garitos se podía hacer casi de todo: escuchar el mejor flamenco, comer, beber y hasta alternar. Hoy estos locales siguen funcionando con los mismos nombres, pero lo que ocurre entre sus paredes nada tiene que ver con lo de entonces.

La década de los ochenta ha sido especialmente relumbrona para el flamenco. En estos años comenzaron a gestarse las famosas Cumbres Flamencas, y eso que lo hicieron sin apoyo institucional de ningún tipo, ya que por entonces el Ministerio de Cultura andaba más interesado por manifestaciones musicales poco raciales y muy exportables como cosa común europea. En 1986 se celebró la tercera Cumbre Flamenca bajo el lema *De Lavapiés a Santa Ana*, y en ella se dieron cita nombres como los de Juan Carmona, Zahira, El Yunque, Felipe Maya... y también los de muchos que pasarían a integrar la lista de los bautizados Nuevos Flamencos.

La fuerza catalizadora de Madrid no se refiere únicamente a la concentración de locales; sino al ambiente propicio que de ellos irradiaba para plantear propuestas innovadoras que han sentado las bases de un nuevo poderío flamenco. Entre las paredes y cuevas de muchos garitos todavía hoy siguen fraguándose sonidos netamente puros.

En el *Candela,* santuario por excelencia de la flamenquería

actual, siguen dándose cita jóvenes y no tan jóvenes autores del cante, el baile y la guitarra. Lo más granado de las familias flamencas que hemos reseñado anteriormente se da cita en este local de vez en cuando. Y todo porque en Madrid, con todas sus contradicciones, es posible dar rienda suelta a la imaginación creadora de estos artífices del arte flamenco. No obstante, los años noventa han supuesto un duro golpe en las entrañas de una ciudad que vivió la pasada década momentos gloriosos, a pesar de todo su espumeante tropel de *modelnos*.

Pero las ordenanzas municipales de un Madrid «llamado al orden» —en las hemerotecas están registrados sucesos dignos de glosarse en alguna crónica del ultimísimo Madrid, como el protagonizado por el ex concejal Matanzo con su célebre «Esos gitanos se van a enterar»— no han podido evitar que, llegada la hora decretada de cierre de locales, los amantes incondicionales del flamenco entonen bajito, como hace siglos lo hicieran los perseguidos gitanos, el famoso «Soy gitano, y hacemos lo que queremos» de la mano de Camarón, único Príncipe a quien jamás le ha sido discutida su sanguínea realeza.

Nombres propios

Éstos son algunos —no todos, por supuesto— de los nombres propios de este fenómeno llamado Nuevos Flamencos. La relación está basada en el estudio realizado por José Manuel Gamboa y Pedro Calvo, y aparecen por orden alfabético.

Adrián Galia. Bailaor y bailarín. Nació en Argentina (1966) y vive en Madrid desde los trece años. Su madre, La China, y su padre son igualmente profesionales de la danza. Ha formado su propia compañía junto a Joaquín Cortés. En la actualidad es el primer bailarín del espectáculo de Cristina Hoyos.

Agujetas hijo. Apodado *el Niño de Agujetas.* Nació en Jerez de la Frontera (Cádiz, 1966) y arrastra el abolengo gitano de su padre, Manuel Agujetas, uno de los cantaores más rancios y salvajes de la actualidad. El Niño de Agujetas es seguidor del cante puesto en pie por su padre.

Alcover, Raúl. Cantautor granadino (1959). Se inició profesionalmente dentro del Colectivo de Cultura Popular Andaluza «Manifiesto Canción del Sur». Ha participado en numerosos festivales y con nombres importantes del flamenco; sus letras han sido cantadas por gentes como Carmen Linares y Antonio Carbonell. Ha colaborado con Rafael Riqueni y tocado junto a Chico Buarque, además de haber compuesto la banda sonora de la película *Los invitados,* premio Goya de 1988.

Amador, Diego. Cantante y compositor, este gitano apodado *el Churri* nace en Sevilla (1973) en el seno de la familia Amador. Junto a sus hermanos, Raimundo y Rafael, fue miembro fundador de Pata Negra, y en la actualidad sigue colaborando con ellos en sus carreras en solitario. Está considerado un virtuoso con los teclados.

Amador, Juan José. Cantaor gitano (Sevilla, 1957). Está considerado de los mejores cantaores para el baile, hasta el punto de que las figuras de mayor renombre le requieren para sus espectáculos. Primo de los Amador fundadores de Pata Negra, este gitano virtuoso lo tiene casi todo para el cante: buena, aunque limitada, voz, duende, melodía y sentido de la recreación.

Amador, Rafael. Guitarrista y cantaor, gitano como sus hermanos. Junto a Raimundo, integró la nómina fundacional de Pata Negra, grupo que actualmente lidera. Sus comienzos estuvieron ligados a la familia Montoya, a quienes acompañaba con la guitarra. Formó parte del grupo Veneno con su hermano Raimundo y Kiko Veneno.

Amador, Raimundo. Guitarrista gitano (Sevilla, 1960). Ha trabajado con la familia Montoya, con Lole y Manuel, con Kiko Veneno, con Juan José Amador, con Juana la del Revuelo, con Enrique Morente, con Rosario, con Luz Casal, con Radio Futura y con Camarón. Entre las formaciones a que ha pertenecido destacan Veneno, Pata Negra, Big Chief, Arrajatabla y Los Intocables. En la actualidad compagina sus intervenciones con Kiko Veneno y Arrajatabla con sus propias aventuras musicales.

Amaya, Remedios. Cantaora y bailaora gitana (Sevilla, 1962). Comenzó en diversos tablaos sevillanos, de donde saltó a los circuitos musicales nacionales como representante del flamenco-rock, mezclando siempre el cante más clásico con las más novedosas experimentaciones. Tras una fracasada intervención en Eurovisión, Remedios Amaya ha vuelto a los escenarios con nuevo poderío festero.

Amigo, Vicente. Nace en Sevilla (1967) y la suya está considerada una de las mejores guitarras actuales. Ha participado en importantes eventos musicales y ganado premios de gran relieve, como el Ojo Crítico - Segundo Milenio, concedido por RNE en 1992.

Arrajatabla. Grupo formado en 1991 por músicos de dilatada trayectoria. La formación no ha tenido demasiada continuidad debido a la escasez de contratos, pero sus creaciones siguen asombrando a propios y extraños.

Arrebato. Grupo catalán de flamenco-pop compuesto por Rafael Maya, cantante, y Pedro Javier González, guitarra. Combinan registros de Manzanita con semillas de Ketama y el temple de Pata Negra. Su música tiene mucho de Paco de Lucía y John McLaughlin combinados con ritmos de *reggae*. Arrebato escapa a los tópicos del flamenco-pop.

Aurora. Aurora Amador, cantante y cantaora gitana (Madrid, finales de los sesenta, no lo confiesa). Hija de Amador, uno de los fundadores de Los Chorbos, pioneros del sonido Caño Roto. La primera vez que se subió a un tablao tenía siete años, y desde entonces no se ha bajado. Tiene buena voz y buena imagen, pero aún no ha conseguido el éxito que muchos le auguraban desde la más tierna infancia. De ella se espera que sea algo así como la reina de un sonido ecléctico a base de flamenco, rumba y balada.

Azúcar Moreno. Dúo gitano formado por Encarna y Toñi Salazar, hermanas de Los Chunguitos. Rumberas de imagen potente, sus producciones han traspasado como pocas multitud de fronteras internacionales. El sonido discotequero de sus canciones concentra a un importante elenco de compositores de diverso signo capaces de combinar y manipular la música hasta lograr un acabado perfecto para digerir sin mayores complicaciones.

Baras, Sara. Bailaora gaditana (1971), hija de Concha Baras, con quien se inicia en la academia que ésta posee en San Fernando. Empezó a trabajar en 1982 y desde entonces sus pasos sobre el escenario han sido cuidados y firmes. Dicen de ella que tiene todo lo necesario para ser una de las grandes del baile: pies seguros, chulería, estampa flamenca, naturalidad, juego de brazos y una cintura descaradamente femenina. Al tiempo.

Barbería del Sur, La. Algo así como los hermanos pequeños de Ketama, este grupo se formó en Madrid, donde hicieron su presentación a principios de los noventa. En sus filas ha militado lo más genuino de la gitanería flamenca: Luis Carmona, José Miguel Carmona, de los Habichuela; Juan José Suárez, *Paquete,* hijo de Ramón el Portugués y el vocalista-percusionista Enrique Heredia, *Negri.*

Barón, Javier. Francisco Javier Álvarez Rico nace en Sevilla (1963). A los doce años ya bailaba. Tras ganar varios concursos, en 1981 pasa a formar parte del Ballet Nacional bajo la dirección de Antonio y María de Ávila. En 1988 decide iniciar carrera en solitario y se presenta al certamen más prestigiado de flamenco, el Giraldillo, y obtiene, por unanimidad, el segundo premio de baile. Está considerado uno de los mejores bailaores actuales, y es el suyo un estilo netamente masculino, es decir, técnica, armonía, habilidad, donosura y una figura que nunca se descompone aunque esté ejecutando el más difícil todavía.

Benavent, Carles. Indiscutible número uno en su campo. Este bajista de jazz nació en Barcelona (1954) y entre sus méritos destacan las colaboraciones con Paco de Lucía, Chick Corea y Miles Davis. Su bajo suena de forma prodigiosa, arrancando de él notas sublimes «a lo flamenco» que han creado escuela.

Bola, El. Agustín Carbonell Serrano, guitarrista gitano nacido en Madrid (1967). Miembro de la saga de los Montoyitas. Comenzó tocando para el baile y más tarde formó grupo propio compuesto por violín, piano, bajo, percusión y su única guitarra. En la actualidad trabaja en el proyecto Juan Perro con Santiago Auserón.

Bueno, Ana María. Bailaora (Sevilla, 1958), continuadora de la escuela clásica flamenca de Pilar López. Fue Premio Nacional de Córdoba en 1974.

Califa, El. Julián Navarro, nacido en Córdoba (1961), vive en Barcelona desde su infancia. Es uno de los tocaores más solicitados para el baile de toda Cataluña.

Canales, Antonio. Bailaor (Sevilla, 1961), estudió con Víctor Ullate y ha sido solista del Ballet Nacional durante tres años. Ha trabajado con diversas compañías hasta que montó la suya propia. Obtuvo el Premio Navisela 88 en Italia, y el Premio al Mejor Bailarín en México en 1990. Se trata del bailarín de su generación que más ha sido imitado.

Cañizares, Juan Manuel y Rafael. Ambos guitarristas. Nacidos en Sabadell, los dos poseen una sólida formación musical. Juan Manuel, considerado un auténtico virtuoso de las cuerdas, ha trabajado con gentes diversas de estilos tan dispares como Jesús Heredia, El Último de la Fila, La Fura dels Baus, Al Di Meola, Peter Erskine, Rosario, Peter Gabriel y John Paul Jones. En cuanto a Rafael, su carrera se ha centrado más en el acompañamiento y ha llegado a grabar un disco de *covers* de Paco de Lucía. Vivió durante largo tiempo en América.

Carbonell, Antonio. Cantaor-cantante gitano. Nace en Madrid (1969). Hijo de Pepe Montoyita, desde pequeño ya cantaba en los tablaos acompañado por su hermano. Ha trabajado con su cuñado Enrique Morente, así como con Manolo Sanlúcar. Alterna el cante clásico con la canción comercial.

Carbonell, Miguel. Miguel Suero Carbonell (Madrid, 1962). Cantaor gitano, hijo de Manolo el Extremeño y hermano de Zahira, de la familia Montoyitas.

Carmona, Antonio. Cantante, percusionista y multiinstrumentista (Granada, 1965). Este gitano, hijo de Juan Habichuela, es uno de los cerebros del Nuevo Flamenco. Fue el segundo instrumentista que adoptó el uso del cajón. En la actualidad es uno de los líderes indiscutibles del grupo Ketama.

Carmona, José Miguel. Guitarrista gitano (Madrid, 1971). Hijo de Pepe Habichuela y la bailaora Amparo Bengala. Empezó a tocar a los cuatro años. Ingresó en La Barbería del Sur y, finalmente, en Ketama.

Carmona, Juan. El hijo mayor de Juan Habichuela. Nace en Granada (1960). Guitarrista y tocaor de laúd. Se le conoce también por el sobrenombre de *el Camborio*. Miembro de Ketama.

Carmona, Pepe Luis. José Luis Carmona (Granada, 1968). Hijo de Luis Habichuela. Es miembro fundador de La Barbería del Sur. Actualmente ha iniciado su carrera en solitario.

Carrasco, Diego. Guitarrista, cantaor y compositor gitano (Jerez, 1954). Destacado por sus «locuras rítmicas», que han sido tocadas, entre otros, por Camarón y Morente, además de él mismo. Actualmente vive en Jerez, desde donde impulsa el ambiente del Nuevo Flamenco.

Chica, La. Cantaora catalana emparentada con la familia Amador. En su disco de presentación, en el que la acompaña Raimundo Amador, interpreta desde un calipso hasta un corrido. Mestizaje puro y duro donde despuntan temas claramente flamencos.

Colina, Javier. Contrabajista pamplonica (1960), destacado músico de jazz que de la mano de El Bola se introdujo en el flamenco a finales de los ochenta. Ha acompañado a Lola Greco, Joaquín Cortés, Enrique Morente, entre otros. Personalísima su manera de tocar el contrabajo a lo flamenco.

Cortés, Carmen. Bailaora gitana (Barcelona, 1957). De padres andaluces, vive en Madrid, donde simultanea su carrera artística con la enseñanza.

Cortés, Joaquín. Bailarín/ bailaor. Gitano (Córdoba, 1969), vive en Madrid, desde donde se ha catapultado hacia la fama. A los quince años ingresó en el Ballet Nacional dirigido por María de Ávila; a los veinte era primer bailarín, y poco después se independiza para montar su propia compañía. Posee buena imagen y buena técnica.

Dantas, Rubem. Percusionista brasileño, a su llegada a España entró en contacto con los jóvenes del llamado jazz emergente de Madrid. Trabajó con Paco de Lucía. Fue el introductor del cajón de percusión peruano.

Dieguito. Diego Jiménez Salazar. Cantaor gitano (Madrid, 1968), también conocido como el *Cigala*. Es sobrino de Rafael Farina. Su sonido recuerda a las maneras de Camarón y sus incondicionales son incontables.

Duquende. Juan Cortés. Cantaor (Sabadell, 1965). Fue un descubrimiento de Camarón y en la actualidad es una de las voces gitanas más aclamadas del Nuevo Flamenco. Forma parte del grupo de Tomatito y también su cante recuerda a Camarón.

Farruquita, La. Rosario Montoya Manzano (Sevilla, 1963). Bailaora gitana hija del patriarca del baile gitano actual, El Farruco.

Francés, José el. José Rodríguez Vázquez, cantante/cantaor nacido en la localidad francesa de Montpellier. Desde hace años se traslada a Madrid y comienza su carrera a base de

mezclar diversos sonidos en su cante: reggae, cadencias italianas y flamenco. Bien parecido y con su propio club de fans.

Galicia, José Antonio. Madrileño (1949), conocido percusionista de jazz que se atrevió a meter la batería en el flamenco. Es un permanente explorador musical. Ha grabado con los mejores del jazz y el flamenco.

Gipsy. Trío de cantantes-cantaoras gitanas formado en Palma de Mallorca por Teresa, Soledad y Amada. Fueron lanzadas al mercado discográfico en 1992 como gipsy-rock, aunque su estilo se encuadra dentro de lo que se ha dado en llamar rumba-house o rumba-disco. En su disco de presentación incluyeron una versión de los Jackson Five, *Blame it on the boogie*.

Gitomoraima. Grupo formado en el norte de África. En Marruecos grabaron su primer disco donde conjugaban algo así como la rumba callejera con el *rai* argelino.

Heredia, Manuela. Bailaora gitana nacida en Madrid (1965). Hija de El Farruco, debutó a los dieciséis años. Después formó pareja artística con los bailaores Antonio del Castillo y Rafael de Córdoba. Posee buenas dotes y una estampa de bailaora indudable.

Intocables, Los. Grupo sevillano formado en 1989 por el guitarrista Lolo Ortega y por Raimundo Amador. Las influencias de este grupo van desde Camarón hasta Cream, pasando por Jimi Hendrix.

Jaleo. Grupo de música y danza que interpreta flamenco, jazz y rock. Se crea en 1989 bajo la batuta de Diego Cortés, guitarrista catalán. Sus mayores éxitos los han conseguido en Italia, Nueva York, Francia, Alemania y Suiza.

Karakatamba. Grupo sevillano que a base de voz, guitarra y percusión sigue la estela de Pata Negra.

Ketama. Grupo formado en Madrid a finales de los años ochenta. Sus componentes aportaron una nueva concepción del flamenco que resultó muy criticada por los puristas, pero muy elogiada tanto por la crítica musical como por el público, al que consiguieron atraer hasta los conciertos como pocos grupos de flamenco hasta su aparición. Sus éxitos lo fueron a escala internacional, cosechando iguales triunfos en Inglaterra y Estados Unidos.

Latorre, Javier. Bailaor/ bailarín (Valencia, 1963). Bajo la dirección de Antonio Gades ingresa en el Ballet Nacional, y en 1983 se convierte en solista del mismo ya con María de Ávila como directora. En 1989 es galardonado en Córdoba con dos premios nacionales más el especial al bailarín más completo. Formó su propia compañía tras recibir el premio al mejor bailarín en el Festival de Aviñón. Se le considera un artista completo e inquieto, aunque su permanencia en los escenarios es inconstante. En 1994 obtuvo el Premio de Baile en La Unión.

Lole y Manuel. Pareja gitana formada por la cantaora Dolores Montoya (Sevilla, 1954) y el guitarrista, compositor y cantante Manuel Molina (Ceuta, 1948). El dúo se formó en 1972, debutando en 1975. Lole, de la familia de los Montoya, poseía una voz desgarradora de especial vibración flamenca. Juntos formaron una de las parejas musicales más atractivas del panorama musical de los primeros años ochenta. Tras varios años de triunfo, se separan hasta que en 1994 reaparecen.

Macanita, La. Tomasa Guerrero. Cantaora gitana (Jerez, 1968). Posee una extraordinaria voz flamenca. Ha grabado varios discos, uno de ellos con Manolo Sanlúcar, *Tauromagia.* De sus dos discos en solitario, el segundo es de canción española. Se dice de ella que tiene una de las mejores voces de la actualidad.

Mani, El. Juan Manuel Hernández Montoya. Bailaor gitano (Sevilla, 1968). Hijo de La Farruquita y nieto de El Farruco, de quien se dice que es una copia. Este bailaor ha participado en los eventos más importantes del flamenco en los últimos años. Y siempre formando la marimorena.

Manzano, Charo. Cantaora festera y bailaora. Gitana (Madrid, 1968), pertenece a la familia de los Pelaos. Posee una voz llena de magníficos agudos, razón que le ha valido formar parte del grupo de Manolo Sanlúcar y participar en discos de Pata Negra, Vicente Amigo y Amalgama.

Martín, Mayte. Mayte Martín Cadierro. Cantaora (Barcelona, 1965). Desde que saltara a la fama tras ganar el concurso nacional de La Unión, su carrera se ha vuelto imparable. Su cante está más cercano al de Camarón o Mercé que a cualquiera de las cantaoras al uso. Posee grandes dotes como tocaora de guitarra, como ha demostrado en su primer disco, donde aparece como solista y compositora. Es una de las artistas más completas del panorama musical español, y, por supuesto, del flamenco. Para más sorpresas, esta artista también canta boleros junto al genial pianista de jazz Tete Montoliú, con quien realizó una gira por Noruega en 1994.

Martirio. María Isabel Quiñones. Cantante (Huelva, 1954). Aunque no se trata de una flamenca en el sentido estricto de la palabra, suele adobar sus canciones con aires flamencos. Sus primeros pasos musicales fueron con el grupo Jarcha. Después vendría Kiko Veneno y la incorporaría a su espectáculo, donde sorprendió con su imagen. Desde entonces es una figura popular, aunque más por sus montajes teatrero-musicales que por su música en sí. En sus discos, no obstante, ha contado con la colaboración de gente muy importante, Raimundo Amador entre otros.

Morenito de Illora. Guillermo Campos Jiménez. Cantaor gitano (Illora, Granada, 1965). A los siete años comienza su dedicación al baile trasladándose a Barcelona para trabajar con la bailaora Flora Albaicín. Años después forma su propio grupo y regresa a Granada, donde empieza darse a conocer como una de las voces mejor prestigiadas.

Negri, El. Enrique Heredia. Cantante, percusionista y guitarrista gitano (Madrid, 1972). De la familia de los Montoyitas y cuñado de Ray Heredia, Enrique, como todas sus hermanas y familiares, forma parte de todos los eventos flamencos que tienen lugar en la capital. Es miembro fundador de La Barbería del Sur.

Núñez, Gerardo. Guitarrista (Jerez, 1961). Casado con la bailaora Carmen Cortés, se inició en el marco de la cátedra de Flamencología, donde tuvo la oportunidad de foguearse acompañando a primeras figuras del cante. Forma pareja profesional con su esposa, y hace incursiones en el mundo del jazz con Tomás San Miguel y otros.

Ochando, Miguel. Miguel Molina. Guitarrista (Granada, 1965). Se inició en la tertulia de La Fragua y en la Peña La Platería de su ciudad natal. Combina acompañamiento con concierto, modalidad esta última en la que ha obtenido varios e importantes premios.

Oripando Gipsy. Banda formada por gitanos del Rastro madrileño en 1991. Ofrecieron varias actuaciones en los madrileños Villa-Rosa y Ambigú.

Ortega, Ginesa. Ginesa Ortega Cortés. Cantaora, hija de payo y gitana, nace en Toul, localidad francesa (1967). Sus raíces paternas son levantinas y las maternas gitano-árabes. Vive en Barcelona, donde continuó, desde que se trasladó con su familia, sus estudios de formación clásica en lo que a flamenco se refiere. Ha participado en montajes arriesgados: grupo de flamenco-jazz Iberia; grabación de la versión primitiva de *El amor brujo*, de Manuel de Falla, y participaciones en montajes del grupo de teatro vanguardista La Fura dels Baus. Colecciona algunos premios.

Óscar Luis. Óscar Luis Herrero. Guitarrista (Ciudad Real, 1959). Es uno de los más acreditados concertistas de guitarra. Vive en Madrid, posee varios premios y es el primer músico de su especialidad que ha actuado en Islandia. Compone su propio repertorio y ha formado su grupo con excelentes músicos de jazz; acostumbra a tocar con guitarristas de flamenco.

Paquete. Juan José Suárez. Guitarrista gitano (Madrid, 1966). Hijo de Ramón el Portugués y hermano de Ramón Porrina. Se inició en los tablaos madrileños. Es miembro fundador de La Barbería del Sur.

Pardo, Jorge. Saxo y flauta (Madrid, 1955). Cursó estudios en el Conservatorio de Madrid, y tras finalizarlos se orientó hacia el jazz. Es uno de los fundadores del grupo Dolores y una de las figuras españolas del jazz de mayor relieve internacional. Paco de Lucía lo introdujo en el flamenco, y le gustó tanto que su música hoy suena a un lenguaje nuevo con raíz de jazz y flamenco. Perfecta fusión mestiza. Aparte de formar parte del sexteto de Paco de Lucía, ha tocado con todas las grandes figuras del flamenco. Formó parte del espectáculo Jazzpaña, que estuvo nominado para los premios Grammy.

Parrilla, hermanos. Artistas jerezanos gitanos, apellidados Fernández Gálvez. Músicos de formación clásica que, debido a lo inusual de los instrumentos que tocan —violín, flauta y guitarra— son requeridos por la mayoría de los flamencos actuales.

Parrita. Vicente Castro. Cantaor, cantante y compositor gitano (Valencia, 1957). Mezcla a la perfección baladas de pop con números flamencos y sones festeros. Su voz es muy apreciada y su vena compositora le ha granjeado buenos resultados comerciales.

Pata Negra. Lo formaron Raimundo y Rafael Amador una vez que se había disuelto el grupo Veneno. El grupo se ha distinguido por ser uno de los mejor aceptados por público y crítica fuera de España. Son los artistas favoritos de músicos como David Byrne, Mano Negra, Frank Zappa, Jerry García o Durruti Colum. La banda sonora de la película *Bajarse al moro* fue compuesta por este grupo y resultó nominada para los premios Goya. Raimundo Amador ya no está en el grupo, y su hermano Rafael ha dado un nuevo impulso a Pata Negra, que ha vuelto, tras un período de silencio, a los circuitos musicales.

Paula, Manuel de. Manuel Valencia Carrasco (Lebrija, Sevilla, 1954). Cantaor gitano. En sus maneras combina la ortodoxia clásica con algunas influencias del Nuevo Flamenco. Vinculado al teatro desde la adolescencia, acaba de montar su propia compañía.

Pele, El. Juan Moreno Maya (Córdoba, 1954). Cantaor gitano que despuntó tras conseguir en 1969 el Premio Cayetano Muriel, en Cabra. Sus mayores logros profesionales los obtuvo

formando pareja musical con Vicente Amigo. En la actualidad, tras un período de secano, ha vuelto a ocupar puestos privilegiados como cantaor.

Pimentel, Xesús Alonso. Nace en Palencia (1959) y vive en Galicia, donde está considerado el abanderado de la guitarra flamenca en la región. De formación jazzística, Pimentel pronto destacó por sus inclinaciones a la fusión, de modo que no era de extrañar que el flamenco terminara sonando en sus cuerdas. Es seguidor de Sanlúcar, Riqueni y Paco Peña. Su primer disco lo ha grabado en la República Checa.

Pollito, El. John Lane. Guitarrista nacido en California, hace aproximadamente unos cuarenta años (no lo confiesa). Llegó a Granada en 1967, donde fue acogido por los gitanos del Sacromonte. Ahora vive en Madrid, ha terminado sus estudios de Filología Hispánica y practica lo que él mismo denomina *flamenco degenerativo*: «Empiezo muy serio y luego me voy degenerando». Está considerado el extranjero que mejor ha comprendido el mundo del flamenco.

Potito, El. Antonio Vargas Cortés. Cantaor sevillano nacido en 1976. Hijo del bailaor, cantaor y guitarrista Changuito, familia de los Biencasaos. El Potito empezó a cantar por las calles de Sevilla desde niño hasta que fue lanzado por Pepe de Lucía, que le grabó un disco en el cual le acompañaban las mejores guitarras del momento, desde Paco de Lucía hasta Vicente Amigo. Su sentido natural del compás y una voz prodigiosa llena de matices, afinada y con agudos altísimos, le convirtieron de la noche al día en una revelación como pocas dentro del flamenco. En 1992 actuó en el New Musical Seminar de Nueva York. Una de las voces con mejor madera del momento.

Poveda, Miguel. Miguel Poveda León. Cantaor (Badalona, 1973). Está considerado como la última revelación del cante flamenco ortodoxo. No tiene antecedentes familiares que le vinculen con el flamenco; saltó a la fama tras ganar en el XXXIII Festival Nacional del Cante de las Minas, en La Unión, en 1993. Sus maneras están muy influenciadas por las de Mayte Martín. El cante de Miguel Poveda ha impresionado a muchos, como por ejemplo al director de cine Bigas Luna, que le contrató para su película *La teta y la luna* (1994), en la que Poveda interpreta unos martinetes.

Radio Tarifa. Grupo liderado por el multiinstrumentista Faín Sánchez Dueñas, a quien se unen el «soplador» Vicent Molino y el cantaor Benjamín Escoriza. Su música mezcla flamenco con sones del Magreb, castellanos, sefarditas y andalusíes. El número de miembros ha ido en aumento con músicos que han ido llegando desde Sudán, Argentina, Francia, Norteamérica y España. Un auténtico ejemplo de música interétnica.

Ramírez, Juan. Juan Navas Salguero. Bailaor gitano (Mérida, 1959). A los nueve años bailaba y era conocido con el apelativo de Gitanillo de Oro, momento en que se da a conocer como cantaor. Cuando le sobrevino el natural cambio de voz se vio obligado a dejar el cante por la guitarra y el baile, especialidad ésta en la que ha triunfado haciendo suyo el apodo de un fallecido bailaor jerezano: Ramírez. Posee un baile intuitivo con gran prodigio de pies y repleto de compás.

Rayito. Antonio Rayo Gibo. Guitarrista (Madrid, 1983). Hijo del tocaor Antonio Rayo, emparentado con Manzanita, y de madre japonesa. A los tres años empezó a dar sus primeros rasgueos a la guitarra; a los siete actuó en varios programas de televisión. En 1991, tras haber sido contratado por un canal de la televisión italiana, participa en el Certamen Internacional Danny Kaye como representante español. En 1992 triunfa con sus conciertos en Japón. A sus doce años es toda una joya de la guitarra flamenca.

Riqueni, Rafael. Rafael Riqueni del Canto. Guitarrista (Sevilla, 1962). Con doce años ganó prácticamente todos los premios nacionales de guitarra de Córdoba y Jerez. Desde entonces es una primera figura. Ha acompañado a los artistas más conocidos, pero su carrera en solitario es la que le ha deparado mayores éxitos. Desde 1989 vive en Madrid. Sus composiciones están dentro de lo que se conoce como nacionalismo musical, y recuerda a lo más bello de Albéniz o Turina. En esta línea está la *Suite Sevilla*, que grabó e interpreta junto al también genial guitarrista José María Gallardo. Ha trabajado con músicos de jazz y blues de relieve internacional. Lo toca todo, y todo con genio.

Rodríguez, José Antonio. Guitarrista (Córdoba, 1964). Estudió guitarra flamenca en el Conservatorio de Córdoba, con matrícula de honor. Tiene una calidad indiscutible y ha actuado en importantes eventos flamencos. En su faceta como compositor ha estrenado *Guajira para guitarra flamenca y orquesta*, *Tango* y la música del espectáculo de Mario Maya *Tiempo, amor y muerte*. Es uno de los abanderados de la guitarra actual.

Roe. Cantante y compositor (Barcelona, 1954), vive en Francia, donde compone una música ecléctica con fuertes influencias flamencas. En sus trabajos ha colaborado gente tan dispar como David Gilmour, Carles Benavent o Tomatito.

Rosario. Rosario González Flores (Madrid, a comienzos de los sesenta) es la tercera de los hijos del matrimonio González-Florez, es decir, Antonio González, *el Pescadilla*, y Lola Flores. Rosario comenzó haciendo papelitos en el cine y el teatro, pero pronto descubrió que su futuro estaba en la música sorprendiendo a todos con un disco en 1993, *De Ley*, que acaparó los primeros puestos en las listas de ventas en todo el territorio nacional. Su hermano Antonio, fallecido en 1995 pocos días después que su madre, era el artífice de las letras de Rosario, quien también se ha hecho acompañar por lo más granado del llamado Nuevo Flamenco. Con Rosario han trabajado Raimundo Amador, Gerardo Núñez y Juan Carmona, entre otros.

Ruibal, Javier. Cantautor (Cádiz, 1956). Sus composiciones y su voz tienen fuertes cadencias flamencas, aunque en su música se descubren matices árabes y jazzísticos. Exquisito.

Salazar, Juan Antonio. Gitano (Madrid, 1962). Hijo de La Negra de Badajoz y Eugenio de Badajoz. Nieto de Porrina. Está considerado por sus compañeros como uno de los guitarristas y compositores más complicados de la nueva generación. Sus temas los han tocado gentes como Camarón, Potito, Parrita, Morenito de Illora y otros.

Salmonete. Joaquín Jiménez Domínguez. Cantaor (Jerez, 1962). El apodo se lo puso Terremoto por el color de su pelo y de su piel. De niño se inició en el cante con las saetas al paso de las procesiones de Semana Santa. Posee buenas facultades y ejecuta un cante ortodoxo de gran calidad.

San Miguel, Tomás. Nace en 1953. Es uno de los teclistas de jazz más completos. Seguidor de la escuela de Chick Corea, en 1985 representó a España en el Festival de Jazz de la Unión Europea de Radiodifusión. Combina flamenco y jazz.

Sara. Rumbera gitana (Madrid, alrededor de 1970). Hermana menor de Los Chunguitos y Azúcar Moreno. La última de la saga, de momento.

Serrano, Paco. Francisco Miguel Serrano Cantero. Guitarrista (Córdoba, 1964). Es doble premio Nacional de Guitarra en Córdoba. Realiza algunos números como solista, pero su fuerte es el acompañamiento del baile y el cante. En 1989 se le concede el Premio RNE-Córdoba.

Sorderita. José Soto Barea. Guitarrista y cantaor gitano (Jerez, 1961). Hijo de El Sordera y hermano de Vicente y Enrique Soto. Miembro fundador de Ketama, del cual se separa oficialmente en 1992. En opinión de muchos era el elemento más flamenco dentro de Ketama. Actualmente trabaja junto a Juan Habichuela.

Susi, La. Encarnación Amador Santiago (Alicante, 1955). A los doce años bailaba en los tablaos de Madrid, donde la descubre Paco de Lucía. Adopta el apodo de Susana y empieza a grabar discos revelándose como buena cantaora, sobre todo de carácter festero. Ha trabajado en los espectáculos *Andalucía en pie*, de Fernando Quiñones, y en *Flamenco fusión* y *La Diosa*, dirigidos por José Tamayo. Posee una de las voces más sugerentes del flamenco actual.

Terremoto, Fernando. Fernando Fernández Pantoja. Cantaor gitano (Jerez, 1970). Hijo del mítico cantaor Terremoto de Jerez. Comenzó como guitarrista y a los veinte años se decide a cantar, sorprendiendo por el tremendo parecido con su padre.

Tomasito. Tomás Moreno Carreja. Bailaor y cantaor (Jerez, 1969). Empezó de niño haciendo un baile en que mezclaba flamenco y *break-dance*, lo que valió el apodo de *el Niño Robot*. Tiene grabado un disco donde hay de todo un poco: blues, rock, flamenco.

Tomatito. José Fernández Torres. Guitarra gitano (Almería, 1958). Desde finales de los años setenta fue el compañero inseparable de Camarón. Ha grabado junto a otros grandes del flamenco. También trabaja como solista desde la muerte de Camarón, incorporando a artistas de Ketama y cantaores como Potito. Ha hecho incursiones en el jazz-flamenco. Posee un fuerte carisma además de excelente dotes artísticas.

Turull, Xavi. Percusionista (Barcelona, 1960). Al principio tocaba el piano, luego se decantó por las percusiones, de manera especial las afrocubanas e indias. Vive en Madrid y trabaja junto a Ketama, Dino del Monte y otros. Fue miembro fundador del grupo Amalgama.

Vargas, Iván. Iván Vargas Heredia. Bailaor gitano (Granada, 1986). Autodidacto, de buenas maneras y estilo. Su escuela ha sido el Sacromonte granadino.

Vázquez, José Ángel. Cantaor gitano (Madrid, 1972). Procede del barrio de El Rastro. Ha colaborado con Ketama y La Barbería del Sur. Su cante se ajusta bien al baile.

Vélez, Marquito. Mark Herremann. Guitarrista (Bélgica, 1967). Empezó a tocar la guitarra con su padre, buen guitarrista flamenco clásico. En su tierra es el número uno. Ha tocado en España varias veces y demostrado que posee buena técnica y mucho sabor flamenco.

Veneno, Kiko. José María López Sanfeliú. Cantante y compositor (Gerona, 1952). Comenzó su andadura musical en el grupo Veneno en 1977. En 1982 publica su primer álbum en solitario. Sus letras imaginativas y rompedoras están influyendo en las nuevas generaciones. Es autor de buena parte de las canciones de Pata Negra, Martirio y del himno *Volando voy* que cantara Camarón.

Yerbabuena, La. Eva Garrido García. Bailaora (Alemania, 1970). De familia granadina emigrada a Alemania y vuelta a esta ciudad, donde Eva Garrido dirige su propia escuela desde que tenía dieciséis años. Premio Nacional obtenido en Córdoba. Forma pareja profesional con Paco Jarana.

Zahira. Antonio Suero Carbonell. Cantaor gitano (Madrid, 1967). Hermano de Miguel Carbonell e hijo de Manolo el Extremeño. Junto a su hermano formó parte del grupo de Enrique Morente. Ha actuado en varios espectáculos de la Cumbre Flamenca. En la actualidad, algunos problemas personales lo mantienen alejado de los escenarios, aun cuando posee buenas condiciones para el cante y una potente vena compositora.

VII. LA RUTA DEL DUENDE

Entre el Atlántico y el Mediterráneo, una línea imaginaria recorre la península Ibérica dibujando a su paso una huella de siglos. Los núcleos urbanos que mayor cantidad de artistas del flamenco concentran son Sevilla y Madrid, ciudades donde está el meollo de la industria del espectáculo y las casas discográficas.

Cádiz

Pese a ser una tierra pródiga en cantaores, tocaores y bailaores, en Cádiz lo flamenco se mueve en torno a las peñas. Las mejores muestras las encontramos en Jerez. De esta zona son los hermanos Parrilla, Gerardo Núñez y los Sordera, entre otros, pero por alguna razón a la gente de Jerez le da reparo profesionalizarse, así que lo mejor es acudir de la mano de algún iniciado a una fiesta flamenca organizada por las citadas peñas. Ésta es la nota dominante en todo Cádiz. El viajero puede encontrarse con alguna reticencia de parte de los parroquianos; sin embargo, con un poco de paciencia y mano izquierda es posible asistir a un espectáculo de esos que nunca se olvidan.

Sevilla

El barrio de Triana sigue siendo el hervidero de la movida flamenca sevillana. De aquí han salido nombres incunables del arte jondo, como El Potito, la saga de los Montoya, los Amador... Sevilla es la capital andaluza del flamenco, y en ella se dan cita artistas de todas partes. Puede decirse que Sevilla representa para el artista flamenco lo que la plaza de Las Ventas para un torero. En esta hermosa ciudad andaluza la ortodoxia ha sido, y es, una de las notas dominantes que imponen en el arte flamenco ciertas limitaciones expresivas que obligan a no pocos artistas a buscar refugio en otra parte. Pero lo que es un inconveniente para unos, para otros es una ventaja, así que en los famosos festivales de verano y en las bienales puede siempre encontrarse buen flamenco, aunque, y esto sorprende, no existen locales que lo programen al margen de estos acontecimientos.

Si lo que el viajero busca es una academia donde aprender de forma rápida y fácil unos cuantos pasos por sevillanas, no tendrá ningún problema. La oferta de academias de baile para novatos es amplísima.

Córdoba

Conocida como la tierra de los califas, Córdoba se ha distinguido siempre por la cosecha de guitarristas, y muy buenos, que ha dado al mundo. En esta ciudad tiene lugar cada año el Festival Internacional de Guitarra, y de aquí han saltado a la fama nombres como Vicente Amigo o Paco Serrano.

Huelva

En la ciudad se puede escuchar buen cante festero, buenas fiestas al amparo de las peñas flamencas, entre las cuales es de destacar la primera peña femenina, que en muy poco tiempo ha demostrado que las mujeres no sólo bailan y decoran un escenario, sino que puestas a cantar y tocar, pueden hacerlo de maravilla.

Granada

En la ciudad de la Alhambra el cante flamenco gira en torno a las academias de danza. La universidad funciona como auténtica cantera de suministro de alumnos, algo que también ha impulsado una oferta de locales de buen flamenco más o menos amplia. No obstante, en la actualidad se está muy lejos de los años en que en las cuevas del Sacromonte podía escucharse y verse el mejor cante, baile y toque de Andalucía. Cuando estos locales y las salas de fiesta fueron cerrando, los artistas iniciaron un periplo por toda la geografía española, particularmente hacia Madrid y Barcelona.

Murcia

Lo más destacado de esta tierra ocurre una vez al año, en la celebración del Festival Nacional del Cante de las Minas. En ese momento es posible encontrar por allí a famosos veteranos apadrinando a jóvenes promesas. Éste es uno de los festivales con más solera del país.

Barcelona

En esta ciudad se sabe bien qué es el flamenco; no en vano una parte importante de sus habitantes son de procedencia andaluza. Pero el gusto por este arte tiene mucho que ver con el hecho de que la capital catalana siempre ha mantenido una natural inclinación hacia toda manifestación artística. En Barcelona se han forjado nombres importantísimos en la tradición flamenca: Carmen Amaya, Andrés Batista... Hay locales emblemáticos, el *Villa Rosa,* por ejemplo, que han funcionado en la práctica como una suerte de laboratorios de experimentación (el movimiento rumbero surgió en el citado local). Hasta la década de los sesenta Barcelona era lugar de concentración de buena parte de los habitantes del planeta flamenco, allí tenían lugar importantes festivales, conciertos y concursos. Pero toda aquella efervescencia entró en crisis y hoy la ciudad acoge al mundillo flamenco en el reducido espacio de las peñas. Sin embargo, para muchos aficionados y entendidos, Barcelona está llamada a ser un núcleo importante del flamenco más joven, sobre todo, dicen, porque en su cinturón industrial está floreciendo un poderoso caldo de cultivo de nuevas generaciones de este arte. Quizá. Por el momento, lo que sí es cierto es que la ciudad mediterránea está dando nombres como los de Miguel Poveda (jovencísimo cantaor que ha trabajado recientemente con el director de cine Bigas Luna), Mayte Martín y Chicuelo, entre otros.

Madrid

Hemos dejado la capital para el final porque es en esta urbe donde se concentra la mayoría de las propuestas artísticas de alcance nacional e internacional. En Madrid están los sellos discográficos y los circuitos del espectáculo más poderosos. La ruta del flamenco en Madrid se concentra en un triángulo que va desde los aledaños de la Plaza Mayor hasta el barrio de Embajadores, pasando por Lavapiés.

El núcleo principal se localiza entre el barrio de La Latina, donde un local marca la pauta del cante popular y espontáneo, *La Soleá,* y el barrio de Lavapiés, entre cuyas callejuelas hay que detener los pies obligatoriamente en el *Candela,* garito flamenco donde los haya.

En *La Soleá* la movida empieza a partir de las once de la noche, y siempre y cuando aparezca un cantaor entre la clientela, más o menos fija, eso sí. En el *Candela* todo se deja en manos del azar. Tiene este local unas cuevas a las que sólo se accede de la mano de un gitano o de un cliente muy de la casa. Las juergas flamencas que allí ocurren tienen casi siempre un motivo: la presencia de un famoso del flamenco que unas horas antes ha presentado su último espectáculo; el bautizo artístico de una nueva promesa del flamenco; una despedida de soltero entre familias gitanas, o las ganas de fiesta de algún buen cliente del local. Sea cual sea la excusa, resultará difícil para el foráneo conseguir un sí que le abra las puertas. Pero no se pierde nada con intentarlo y, además, siempre queda la parte alta abierta al público, donde también se arrancan espontáneos dispuestos a formar la juerga gitana.

Entre los locales con más prestigio y solera de la capital, *Casa Patas* se lleva la palma, sobre todo en la vertiente ortodoxa, en tanto que la sala *Caracol,* de reciente apertura, se ha decantado por una programación más proclive a las nuevas generaciones. También se han apuntado al bombazo de los Nuevos Flamencos salas como *Revólver* o *Chenel.*

DISCOGRAFÍA BÁSICA

Festival de Flamencología. Teatro María Guerrero, 1971.

Maestros del flamenco. Vol. 13. Philips, 1988.

Antología del cante flamenco. Tomás Andrade de Silva. Hispavox, 1958.

Conversaciones flamencas. Hispavox, 1970.

La gran historia del cante gitano-andaluz. Columbia, 1966.

Maestros del flamenco. Vol. 17. Philips, 1988.

Maestros del flamenco. Vol. 21. Hispavox, 1988.

Antología del cante flamenco. Cante gitano. Columbia, SCLL, 1965.

Cante flamenco. Algunos de sus presuntos orígenes. Anuario Musical. Vol. 5. CSIC. Instituto de Musicología. Barcelona, 1950.

De Sevilla a Cádiz. Columbia SC 7002.

Pepe de la Matrona. Tesoros del Flamenco Antiguo. Hispavox, 1970.

Magna antología del cante flamenco. Hispavox, 1982.

El cante de las minas. Hispavox, 1970.

Agujetas el Viejo. Arte flamenco, antología III. Ariola / Orbis Fabri, 1994.

Antología de la soleá. EMI, 1992.

Por soleares. Hispavox, 1992.

Recordando a Joaquín el de Paula y su tiempo. EMI, 1992.

Antología de cantaores flamencos (30 vol.). EMI, 1991.

Antología del cante flamenco (4 vol.). Orfeón, 1994.

Por Cantiñas. Enrique Morente / Pepe Habichuela. Hispavox, 1994.

Leyendas del cante. Antonio Chacón. EMI, 1992.

Album de Oro 1909. Juan Gandula Habichuela. Efen / Records, 1994.

Flamenco viejo. Vol. 4. Pasarela, 1992.

Antología de cantaores flamencos. Vol. 10. Juanito Valderrama. EMI, 1991.

Antonio Mairena, grabaciones completas. Vol. 1. Productora Andaluza de Programas, 1992.

Sabicas. Flamenco puro. Hispavox, 1992 (reedición de 1961).

Arte flamenco. Vol. 2. Mandala / Armonía Mundi, 1994.

Grabaciones completas de Antonio Mairena (16 vol.). Productora Andaluza de Programas / Sinterco, 1992 (reedición de 1941/1983).

El cante flamenco de Niño Mairena. Fods / Records, 1991 (reedición de 1930/1940).

Misa flamenca. Nimbus, 1991.

Misa flamenca. Ariola, 1991.

Esencias flamencas. Auvidis / Epnic, 1988.

Morente / Sabicas (2 vol.). RCA, 1990.

Cultura flamenca extremeña. Dodo / Records, 1994.

LUCÍA, Paco de: *Fantasía flamenca.* Philips, 1969. *El duende flamenco de...* Philips, 1972. *Fuente y caudal.* Philips, 1973. *En vivo en el Teatro Real.* Philips, 1975. *Almoraima.* Philips, 1976. *Interpreta a Manuel de Falla.* Philips, 1978. *Sólo quiero caminar.* Philips, 1981. *Friday night in San Francisco,* con McLaughlin y Di Meola. Philips, 1981. *Castro Marín,* con Coryell y McLaughlin. Philips, 1981. *Passion, grace & fire,* con McLaughlin y Di Meola. Philips, 1983. *The Hit BSO.* Mercury, 1984. *Siroco.* Mercury, 1987. *Sextet. Live in America.* Philips, 1993.

CAMARÓN: *Detrás del tuyo se va.* Philips, 1969. *Cada vez que nos miramos,* Philips, 1970. *Son tus ojos dos estrellas.* Philips, 1971. *Canastera.* Philips, 1972. *Caminito de Totana.* Philips, 1973. *Soy caminante.* Philips, 1974. *Arte y majestad.* Philips, 1975. *Rosamaría.* Philips, 1976. *Castillo de arena.* Philips, 1977. *La leyenda del tiempo.* Philips, 1979. *Como el agua.* Philips, 1981. *Calle Real.* Philips, 1983. *Viviré.* Philips, 1984. *Te lo dice Camaron.* Philips, 1986. *Flamenco vivo.* Philips, 1987. *Soy gitano.* Philips, 1989. *Autorretrato.* Philips, 1990. *Potro de rabia y miel.* Philips, 1991. *Camaron nuestro.* Philips, 1994.

MORENTE, Enrique: *Cante flamenco.* Hispavox, 1967. *Cantes antiguos del flamenco.* Hispavox, 1969. *Homenaje flamenco a Miguel Hernández.* Clave, 1971. *Homenaje a Antonio Chacón.* Clave, 1977. *Despegando.* CBS, 1977. *Sacromonte.* Zafiro, 1982. *Cruz y luna.* Zafiro, 1983. *Esencias.* Auvidis, 1988. *Negra, si tú supieras.* Nuevos Medios, 1993.

KETAMA: *Ketama.* Nuevos Medios, 1985. *La pipa de Kif.* Nuevos Medios, 1987. *Songhai.* Nuevos Medios, 1988. *Y es ke me han kambiao los tiempos.* Polygram, 1990. *Canciones hondas.* Nuevos Medios, 1991. *Pá gente con alma.* Polygram, 1992. *El arte de lo invisible.* Polygram, 1993.

PATA NEGRA: *Pata Negra.* Mercury, 1981. *Rock gitano.* Mercury, 1982. *Guitarras callejeras.* Mercury, 1985. *El blues de la frontera.* Nuevos Medios, 1987. *Inspiración y locura.* Nuevos Medios, 1990. *El Directo. Zeleste 16 de febrero de 1989.* Nuevos Medios, 1994. *Como una vara verde.* RCA, 1994.

VENENO, Kiko: *Veneno.* CBS, 1977. *Seré mecánico por ti.* Epic, 1982. *Si tú, si yo.* Epic, 1984. *Pequeño salvaje.* Nuevos Medios, 1987. *El pueblo guapeao.* Twins, 1989. *Échate un cantecito.* RCA, 1992.

ALCOVER, Raúl: *En esta tierra.* RCA, 1978. *Del laberinto al treinta.* RNE, 1987. *El sol siempre sale.* Horus, 1991.

AMADOR, Juan José: *Juan José.* Columbia, 1976.

AMAYA, Remedios: *Remedios Amaya.* Epic, 1978. *Cantaron las estrellas.* Epic, 1980. *Luna nueva.* CFE, 1983. *Senda en mi piel.* CFE, 1984.

AMIGO, Vicente: *De mi corazón al aire.* Sonu, 1991.

ARRAJATABLA: *Sevilla Blues.* Fonomusic, 1992.

ARREBATO: *Rumba canalla.* EMI, 1992.

AURORA: *Nací para cantar.* Philips, 1983. *Besos de caramelo.* Nuevos Medios, 1990. *Demasiado corazón.* Nuevos Medios, 1992.

AZÚCAR MORENO: *Con la miel en los labios.* EMI, 1984. *Azúcar Moreno.* EMI, 1985. *Estimúlame.* EMI, 1986. *Carne de melocotón.* CBS, 1987. *Bandido.* CBS, 1990. *Ojos negros.* Sony, 1992. *El amor.* Epic, 1994.

LA BARBERÍA DEL SUR: *La Barbería del Sur.* Nuevos Medios, 1991. *Historias de un deseo.* Sony, 1993.

BENAVENT, Carles: *Carles Benavent.* Nuevos Medios, 1983. *Dos de copas.* Nuevos Medios, 1985. *Peaches with salt.* Frog Records, 1985. *Colors.* Nuevos Medios, 1991.

EL BOLA: *Bola.* Nuba / Karonte, 1990.

CAÑIZARES, Rafael: Colectivo *XXXIII Festival Nacional del Cante de las Minas, La Unión.* Nuevos Medios, 1994.

CARBONELL, Antonio: *De colores diferentes.* Philips, 1992. *Sueño de fantasía.* Philips, 1993. *Cartas de amor.* Philips, 1994.

CARRASCO, Diego: *Cantes y sueños.* RCA, 1984. *Tomaketoma.* RCA, 1988. *A tiempo.* PAP / Polydor, 1991. *Voz de referencia.* Nuevos Medios, 1993.

CARRASCO, Manolo: *Arena y mar.* Pasarela, 1987. *Sueños de juventud.* Fonomusic, 1991.

LA CHICA: *Flamenco y locura.* Jazmín, 1990.

LOS COMBAYS: *Por derecho.* Gasa, 1987.

CONESA, Rogelio: *Barrio de Santa Cruz.* Pasarela, 1992.

CORTÉS, Paco: *Calle del agua.* Cambayá, 1992.

DIGERALDO, Tino: *Bulerías.* Nuevos Medios, 1994.

DOMÍNGUEZ, Chano: *Chano.* Nuba, 1993.

DUQUENDE: *Fuego, primo fuego.* Jercar, 1988. *Navegando por el tiempo.* Jercar, 1990. *Duquende con la guitarra de Tomatito.* Nuevos Medios, 1993.

EL FRANCÉS, José: *Las calles de San Blas.* Nuevos Medios, 1993.

FRANCO, Manolo: *Aljibe.* Pasarela, 1986.

WILLY GIMÉNEZ Y CHANELA: *Por su sitio.* Nuevos Medios, 1992.

GIPSY QUEENS: *Bambanis.* Horus, 1992.

GITAMORAIMA: *Flamenco-bereber.* Fods, 1988.

RAY HEREDIA: *Quien no corre, vuela.* Nuevos Medios, 1991.

HUMANES, Antonio: *Me pucabaron.* Jercar, 1991.

JALEO: *Chispa negra.* Ariola, 1980. *Jaleo.* AZ Records, 1990. *Paraíso de color.* AZ Records, 1993.

JIMÉNEZ, Miguel: *Flamenco integral.* Esferas Sónicas, 1992.

LA KAITA: *Cantes extremeños.* Caja de Badajoz / Pasarela, 1990.

EL KALIFA: *Así soy yo.* Nuevos Medios, 1991. *Gitana de Portugal.* Fonomusic, 1994.

EL LOCO ROMÁNTICO: *Flamenco de colores,* Yamila, 1989.

LOLE Y MANUEL: *Nuevo día.* Movieplay, 1975. *Pasaje del agua.* CBS, 1977. *Al alba con alegría.* CBS, 1980. *Casta.* CBS, 1984. *Cantan a Falla.* Area Creativa, 1992. *Alba Molina.* Virgin, 1994.

LOSADAS: *Pá llorar de momento.* Karonte, 1993

MALOU: *Malou.* Polydor, 1990. *Corazón caliente.* WEA, 1993.

MARTÍN, Mayte: *Muy frágil.* On the Rocks, 1994.

MARTIRIO: *Estoy mala.* Nuevos Medios, 1986. *Cristalitos machacaos.* Sony, 1988. *La bola de la vida del amor.* Sony, 1991. *He visto color por sevillanas.* RCA, 1994.

EL RUBIO, Miguel: *Con mi Charo y mi Miguel.* CBS, 1974. Colectivo *Los jóvenes flamencos.* Nuevos Medios, 1994. *Una voz del cielo.* Nuevos Medios, 1994.

DINO DEL MONTE: *Los cuatro elementos.* Gasa, 1986.

MORAITO: *Morao y oro.* Auvidis, 1992.

MORENITO DE ILLORA: *Morenito de Illora con Juan Manuel Cañizares.* Área Creativa, 1991. *Yo quiero volar.* Oboe, 1994.

NIÑO DE PURA: *Capricho de Bohemia.* Perfil, 1988.

NIÑO JERO: *Pasa de moda.* Senador, 1991.

NÚÑEZ, Gerardo: *El gallo azul.* Gasa, 1987. *Flamencos en Nueva York.* Gasa, 1989. *Jucal.* El Gallo Azul, 1994.

ORTEGA, Ginesa: *Luna entre mimbres.* Horus, 1985. *Suspiro gitano.* Horus, 1988.

ORTEGA, Paco: *La vida tiene solución.* Dial, 1977. Colectivo *Aboli-*

ción. Dial, 1978. Colectivo *Primera antología de cantautores andaluces*. Ariola, 1987. *La magia del barro*. Polygram, 1995.

PARDO, Jorge: *Jorge Pardo*. Blau, 1982. *El canto de los guerreros*. Linterna, 1984. *A mi aire*. Nuevos Medios, 1987. *Las cigarras son quizá sordas*. Nuevos Medios, 1991. *Veloz hacia tu sino*. Nuevos Medios, 1993.

PAREDES, Quique: *De maera*. Pasarela, 1987. *Amanece el día*. Pasarela, 1993.

PARRA, José: *¡Flamenco!* Fods, 1990.

EL PELE: *La fuente de lo jondo*. Pasarela, 1986. *Poeta de esquinas blandas*. Área Creativa. 1990.

EL POTITO: *Andando por los caminos*. CBS, 1990. *Macandé*. Sony, 1992.

RADIO TARIFA: *Rumba argelina*. Música Sin Fin, 1993.

RAYITO: *En recital*. Car, 1994.

RIQUENI, Rafael: *Juego de niños*. Nuevos Medios, 1986. *Mi tiempo*. Nuevos Medios, 1990. *Suite Sevilla*. JMS, 1993.

ROSARIO: *De Ley*. Epic, 1992. *Siento*. Epic, 1994.

RUIBAL, Javier: *Duna*. Hispavox, 1983. *Cuerpo Celeste*. Ariola, 1987. *La piel de Sara*. Ariola, 1989. *Pensión Triana*. Don Lucena, 1994.

SALMONETE: *Juventud y pureza*. EMI, 1979.

LA SUSI: *Susana*. Philips, 1976. *La primavera*. Movieplay, 1977. *Larachí*. Fonomusic, 1985. *Así soy yo*. Fonomusic, 1992.

TOMATITO: *Rosas del amor*. Hispavox, 1987. *Barrio negro*. Nuevos Medios, 1991.

VÉLEZ, Joselito: *Caballo, hombre, cartón*. Senador, 1987.

BIBLIOGRAFÍA

BARRIOS, Manuel. *Rimas de la oposición popular*. Plaza-Janés, 1979.

Andalucía, su comunismo y su cante jondo. Atlántico. Madrid, 1933.

Ensayos andaluces. Biblioteca Universal Planeta. Barcelona, 1972.

BARRIOS, Nuria. *La aristocracia del flamenco*. El País de las tentaciones, n.º 49. 30 de septiembre de 1994, págs. 8-12.

CALVO, Pedro, y GAMBOA, José Manuel. *Historia-guía del Nuevo Flamenco*. Guía de Música. Madrid, 1994.

CANSINOS, Rafael. *La copla andaluza*. Demófilo. Madrid, 1976.

GRANDE, Félix. *Memorias del flamenco*. Espasa Calpe. Madrid, 1979.

MANFREDI CANO, Domingo. *Geografía del cante jondo*. Bullón, 1963.

MONLEÓN, José. *Lo que sabemos del flamenco*. Guillermo del Toro. Madrid, 1967.

QUIÑONES, Fernando. *De Cádiz y sus cantes*. Ediciones del Centro. Madrid, 1974.

RÍOS RUIZ, Manuel. *Introducción al cante flamenco*. Istmo. Madrid, 1972.

RODRÍGUEZ MARÍN, Francisco. *Cantos populares españoles*. Sevilla, 1882-83. *La copla*. Conferencia en el Ateneo de Madrid, 1910.

ROSALES, Luis. *Esa angustia llamada Andalucía*. Cinterco. Madrid, 1987.

TRIANA, Fernando de. *Arte y artistas flamencos*. Clan. Madrid, 1952.

URBANO PÉREZ, Manuel. *Pueblo y política en el cante jondo*. Servicio de Publicaciones del Ayuntamiento de Sevilla, 1980.

COLECCIÓN FLASH